# 电池动力船舶船员技能培训教程

中国海事服务中心

江苏远洋运输有限公司　组织编审

江苏海事职业技术学院

马洪涛　孙继强　吴俊　主编

大连海事大学出版社

DALIAN MARITIME UNIVERSITY PRESS

ⓒ马洪涛　孙继强　吴　俊　2024

**图书在版编目（CIP）数据**

电池动力船舶船员技能培训教程／马洪涛，孙继强，
吴俊主编. — 大连：大连海事大学出版社，2024. 9.

ISBN 978-7-5632-4593-2

Ⅰ. U674.92

中国国家版本馆 CIP 数据核字第 2024U4Z572 号

**大连海事大学出版社出版**

地址：大连市黄浦路523号　邮编：116026　电话：0411-84729665（营销部）　84729480（总编室）

http://press.dlmu.edu.cn　E-mail：dmupress@ dlmu.edu.cn

大连天骄彩色印刷有限公司印装　　　　　　　大连海事大学出版社发行

2024 年 9 月第 1 版　　　　　　　　　　　2024 年 9 月第 1 次印刷

幅面尺寸：184 mm×260 mm　　　　　　　　　　印张：9.75

字数：246 千　　　　　　　　　　　　　　　印数：1~1500 册

出版人：刘明凯

责任编辑：刘宝龙　　　　　　　　　　　　责任校对：任芳芳　　杨玮璐

封面设计：张爱妮　　　　　　　　　　　　版式设计：张爱妮

ISBN 978-7-5632-4593-2　　　定价：49.00 元

# 前　言

为贯彻落实交通运输部海事局《关于加强电池动力船舶船员培训管理有关事项的通知》的要求,进一步规范电池动力船舶船员培训管理工作,保障培训质量,提升电池动力船舶船员的履职能力和应急能力,江苏海事职业技术学院组建专业教师团队和江苏远洋运输有限公司一线技术人员共同编写了《电池动力船舶船员技能培训教程》。

本教材按照交通运输部海事局的电池动力船舶船员培训相关要求编写,涵盖了电池动力船舶基本知识、电池动力船舶常识理论、电池动力船舶机舱设备组成、采取措施预防船舶电池造成污染、电池动力船舶火警与消防系统、电池动力船舶控制系统理论、电池动力系统安全性理论、直流配电系统操作与管理等内容。

本教材由江苏海事职业技术学院的马洪涛、吴俊和江苏远洋运输有限公司的孙继强主编,参与编写的还有江苏远洋运输有限公司的练建国、杨岩,江苏海事职业技术学院的李冰蟾、李杰、张晨阳、孙长飞、马理胜、惠节等(排名不分先后)。全书由江苏省交通运输厅的金华、殷国祥,以及江苏远洋运输有限公司的戴伟主审。

本教材在编写过程中得到了江苏省交通运输厅、江苏海事局、江苏远洋运输有限公司、中船赛思亿(无锡)电气科技有限公司等单位的大力支持,有关专家对本教材的编写提出了许多中肯的建议并提供了大量的素材,在此向关心和帮助本教材出版的专家、老师表示衷心的感谢!

编　者

2024 年 6 月

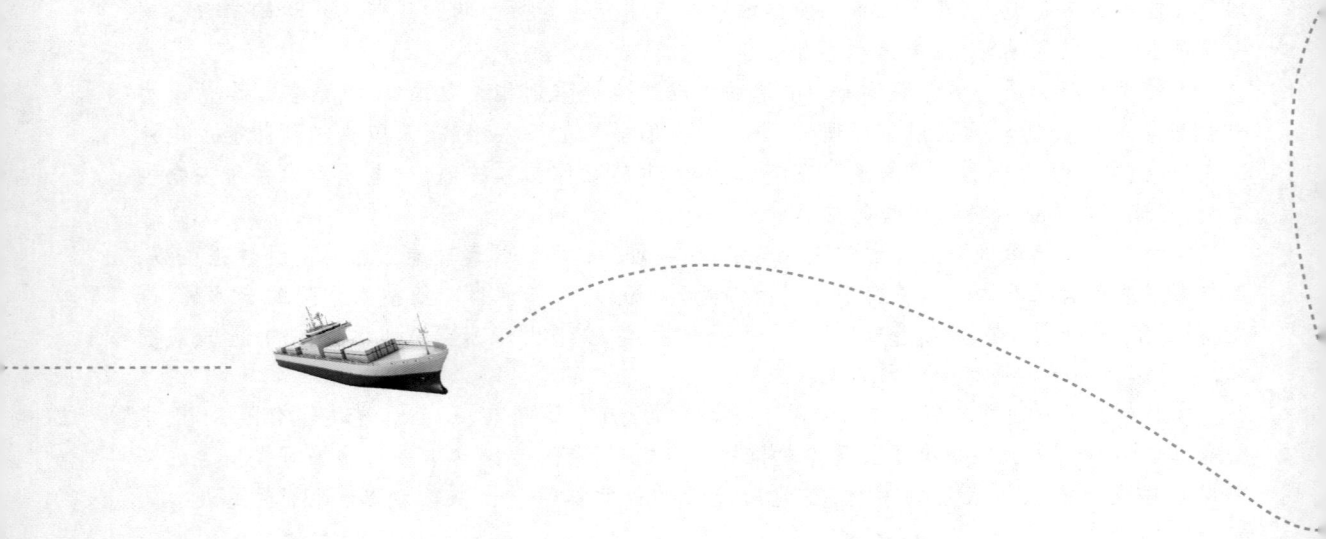

# 目 录
CONTENT >>>>

电池动力船舶船员技能培训教程

# 基本培训

# 第一章

# 电池动力船舶基本知识

## 一、船舶安全用电常识

### （一）触电安全防护措施

绝缘、屏护、漏电保护、安全电压、安全间距等都是防止直接触电的防护措施。保护接地、保护接零是间接触电防护措施中最基本的措施。

#### 1.绝缘

（1）绝缘的作用

绝缘是指用绝缘材料将带电体隔离起来，实现带电体之间、带电体与其他物体之间的电气隔离，使设备能长期安全、正常地工作，同时可以防止人体触及带电部分，避免发生触电事故，所以绝缘在电气安全中有着十分重要的作用。良好的绝缘是设备和线路正常运行的必要条件，也是防止触电事故的重要措施。

（2）绝缘损坏

绝缘材料经过一段时间的使用会发生绝缘损坏。绝缘材料除因在强电场作用下被击穿而损坏外，自然老化、电化学击穿、机械损伤、潮湿、腐蚀、热老化等也会降低其绝缘性能或导致绝缘损坏。

绝缘体承受的电压超过一定数值时，电流穿过绝缘体而发生放电的现象称为电击穿。

气体绝缘在击穿电压消失后，绝缘性能尚能恢复；液体绝缘在被多次击穿后，绝缘性能将严重降低；而固体绝缘在被击穿后，绝缘性能则不能恢复。

在长时间存在电压的情况下，由于绝缘材料的自然老化、电化学作用、热效应作用，绝缘性能逐渐降低，有时电压并不是很高也会造成电击穿，所以绝缘需定期检测，保证电气绝缘安全可靠。

（3）绝缘安全用具

绝缘安全用具是指用来防止工作人员直接触电的用具，可分为基本绝缘安全用具和辅助绝缘安全用具两类。

基本绝缘安全用具可直接与带电体接触，其本身能够长期承受工作电压，并且在该电压等级的系统产生内部过电压时，能确保工作人员的人身安全。

高压设备的基本绝缘安全用具有绝缘棒、绝缘杆、绝缘夹钳和高压验电器等；低压设备的基本绝缘安全用具有低压试电笔、绝缘手套和带绝缘柄的工具等。

辅助绝缘安全用具是指其绝缘强度不能保证其长时间承受电气设备或线路的工作电压，或不能保证工作人员的人身安全免受系统中过电压侵害的绝缘用具。高压设备的辅助绝缘安全用具有高压绝缘手套、绝缘靴（鞋）、绝缘垫、绝缘台等；低压设备的辅助绝缘安全用具有低压绝缘靴（鞋）、绝缘垫、绝缘毯等。

辅助绝缘安全用具只能强化基本绝缘安全用具的保护作用，防止接触电压、跨步电压及电弧等对工作人员造成危害，不能直接接触高压设备的带电导体。在低压带电设备上工作时，绝缘手套、绝缘靴（鞋）、绝缘垫可作为基本安全用具使用；在高压情况下，它们只能用作辅助绝缘安全用具。

应定期按有关规定对绝缘安全用具进行耐压试验和外观检查，凡是不合格的绝缘安全用具均应严禁使用。绝缘安全用具应由专人负责保管和检查。

### 2.屏护

屏护是指采用遮栏、围栏、护罩、护盖或隔离板等将带电体同外界隔绝开来，以防止人体触及或接近带电体所采取的一种安全技术措施。除了能起到防止触电的作用外，有的屏护装置还能起到防止电弧伤人、防止弧光短路或便利检修工作等作用。对于配电线路和电气设备的带电部分，如果不便加包绝缘或绝缘强度不足，就可以采用屏护措施。

开关电器的可动部分一般不能加包绝缘，而需要屏护。其中防护式开关电器本身带有屏护装置，如胶盖闸刀开关的胶盖、铁壳开关的铁壳等。开启式石板闸刀开关需要另加屏护装置。对于高压设备，全部加绝缘往往有困难，而且当人接近至一定程度时，即会发生严重的触电事故。因此，不论高压设备是否已加包绝缘，都要采取屏护或其他防止接近的措施。

变配电设备都需要设置遮栏或栅栏作为屏护。在邻近带电体的作业中，在工作人员与带电体之间及过道、入口等处应装设可移动的临时遮栏。

屏护装置不直接与带电体接触，对所用材料的电性能没有严格要求。屏护装置所用材料应当有足够的机械强度和良好的耐火性能。但是对于用金属材料制成的屏护装置，为了防止其意外带电造成触电事故，必须将其接地或接零。

使用屏护装置时，还应注意以下内容：

（1）屏护装置应与带电体之间保持足够的安全距离。

（2）被屏护的带电部分应有明显标志，标明规定的符号或涂上规定的颜色。遮栏、栅栏等屏护装置上应有明显的标志，如根据被屏护对象挂上"止步，高压危险！""禁止攀登，高压危险！"等标示牌，必要时还应上锁。标示牌只应由负有安全责任的人员进行布置和撤除。

（3）遮栏出入口的门上应根据需要装锁，或采用信号装置、联锁装置等。前者一般用灯光或仪表指示有电；后者采用专门装置，当人体越过屏护装置而可能接近带电体时，被屏护的带电体将会自动断电。

### 3.漏电保护

漏电是指电器因绝缘损坏或其他原因而造成导电部分与本不应带电的金属外壳发生接触。如果电器的金属外壳是接地的（或人体接触漏电外壳），那么电就由电器的金属外壳（或再经过人体）流入大地构成通路，从而形成电流，即漏电流。

漏电保护通常由漏电保护器实现。漏电保护器是一种在规定条件下电路中漏（触）电电流值（mA）达到或超过其规定值时能自动断开电路或发出报警，以保证人身安全的装置。

漏电保护器动作灵敏，切断电源时间短，因此合理选择和正确安装、使用漏电保护器，除了能保护人身安全以外,还有防止电气设备损坏及预防火灾的作用。

漏电保护器在陆地上应用广泛。漏电保护的设定值一般为:低压电网以防止人身触电伤亡为宗旨;高压电网以保障设备安全及阻止故障蔓延为目标。

### 4.安全电压

安全电压又称安全特低电压,它是兼具防止直接触电和间接触电作用的防护措施。安全电压与安全工作关系极大,它是制定安全措施和保安设计的依据。如果将安全电压规定得过低,对人身安全有很大好处,但会增加投资,甚至造成不必要的浪费;反之,如果将安全电压规定得过高,虽然满足经济性的要求,但会对人身安全造成很大威胁。因此确定安全电压的原则是,在保证安全的前提下尽可能提高经济性。

实际上对触电后果造成直接影响的是触电电流而不是电压,但如果假设安全电压是指作用于人体的有效电压,而取人体电阻为一定数值,这样一个安全电流值就和某一个安全电压值相对应了。在实际工作中,使用安全电压比使用安全电流更简便。

(1)安全电流

触电的特定条件和场合不同,触电后的危险程度也不同,因此确定安全电流的原则和大小也不同。

在触电后电源能会自动消失的场合,可将不致引起心室颤动、人体所能忍受的极限电流作为安全电流,并考虑触电持续时间的影响;在触电后电源能不会自动消失但也不会引起其他性质的伤害(如在泳池中触电后会导致溺死)的场合,可将不致引起心室颤动的电流作为安全电流,且考虑到时间较长,通常取 30 mA 作为安全电流值;在触电后电源能不会自动消失且有发生二次危险的场合,则应将摆脱电流作为安全电流。

(2)安全电压及安全电压等级

在安全电流确定后,安全电压由安全电流与人体电阻的乘积来确定。显然,安全电压在不同场合应有不同的值。

触电后电源能不会自动消失但也不会引起其他性质的伤害,是最常见的一种情况,因此对应的安全电压是最基本的一个指标。我国所采用的基本安全电压为 50 V,它是取安全电流为 30 mA、人体电阻为 1 700 Ω 时得到的安全电压值。

在特别危险的场合,取安全电流为摆脱电流,并取人体电阻为几百欧至几千欧,即可得到该情况下的安全电压值,该值应当小于 50 V,如 6 V、12 V、24 V、36 V 等。

我国 GB/T 3805—2008《特低电压(ELV)限值》定义:安全电压是指为防止触电事故而采用的由特定电源供电的电压系列。该标准还规定安全电压额定值的等级为 42 V、36 V、24 V、12 V、6 V。对于这个电压系列的上限值,在任何情况下,两导体间或任一导体与地之间均不得超过交流(50~500 Hz)有效值 50 V。

安全电压应根据人体和环境状态等因素选用。在特别危险的环境中使用的手持电动工具应采用 42 V 的安全电压;在有电击危险的环境中使用的手持式照明灯和局部照明灯应采用 36 V 或 24 V 的安全电压;在金属容器内、特别潮湿处等特别危险的环境中使用的手持式照明灯应采用 12 V 的安全电压;在水上作业等场所工作应使用 6 V 的安全电压。当采用超过 24 V 的安全电压时,必须采取防止直接触及带电导体的防护措施。

GB/T 3805—2008《特低电压(ELV)限值》参考了国际电工委员会的相关标准。例如,在皮肤阻抗及对地电阻均可忽略的环境下(如人体浸没),安全稳态电压限值为 0 V(交、直流);在皮肤阻抗及对地电阻降低的环境下(如潮湿状态),安全稳态电压限值为交流 16 V、直流

35 V(在发生单个故障的情况下,安全稳态电压限值为交流 33 V、直流 70 V);在皮肤阻抗及对地电阻均不降低的环境下(如干燥条件),安全稳态电压限值为交流 33 V、直流 70 V(在发生单个故障的情况下,安全稳态电压限值为交流 55 V、直流 140 V)。为预防电容放电导致的触电,该标准还规定了易触及的不同电容值下的稳态电压限值。

值得注意的是,国际电工委员会相关导则中有慎用"安全"一词的原则,因为安全电压只是作为特低电压保护形式的表示,并不是说采用安全电压电源供电就一定不会发生触电事故和电击伤害。

### 5.安全间距

安全间距是指在带电体与地面之间、带电体与其他设施或设备之间、带电体与带电体之间保持的一定安全距离,简称间距。设置安全间距的目的是:防止人体触及或接近带电体而造成触电事故;防止车辆或其他物体碰撞或过分接近带电体而造成事故;防止电气短路事故、过电压放电事故和火灾事故;便于操作。安全间距的大小取决于电压高低、设备类型、安装方式等因素,如在低压工作中,人体及其所携带的工具与带电体的距离应不小于 0.1 m。中国船级社《钢质海船入级规范》规定,主配电板的前后应留有足够宽度的通道,其前面通道的宽度应至少为 0.8 m,后面通道的宽度应至少为 0.6 m,若配电板的结构可实现工作人员在前面和侧面进行维护检查和更换部件,则允许不设后面通道。对于高压电气系统,安全间距需更大。

### 6.触电事故原因及预防

缺乏安全用电常识或对电气设备的使用管理不当,是发生触电事故的主观原因。电气设备的绝缘损坏使原本不带电的物体带电,是发生触电事故的客观原因,也是最大的隐患。而环境条件对造成触电有着重要的影响。

在船上及船舶相关作业中发生的触电事故,大多是由下列原因引起的:

(1)电气安全知识不足或未能严格遵守安全操作规程,直接接触或过分靠近具有触电危险的设备。

(2)电气设备和设施运行监视不严、检修不合格、维修不及时等,造成电气设备不合格,如电线或电缆的绝缘损坏后未能及时处理、电气设备年久失修未能及时更换等。

(3)偶然因素,如船体受损、火灾使电线与人体接触等。

以上触电原因中,除了偶然因素外,其他的都是可以避免的。

防止人体触电事故,应从两方面采取预防措施:一方面在技术上要采取相应的防护措施,如利用绝缘材料对带电体进行封闭和电位隔离,采用屏护或障碍等方法防止人体接触带电体,采用电气隔离、特低电压、安全距离、漏电保护、自动断开电源、等电位等;另一方面要防止人为因素导致的触电事故,要求对船上人员,尤其是电气设备技术管理人员、电气设备操作和使用人员,加强安全用电的教育,着重从以下方面入手,预防人为因素导致的触电。

(1)克服麻痹思想,严格遵守安全操作规程、安全用电规则。

(2)学习安全用电及相关知识,提高安全用电意识和情景意识,主动识别潜在危险。

(3)及时维修、保养电气设备,保证电气设备的良好绝缘和良好接地。

(4)加强对电气设备运行的管理,防止过热、过载等情况的发生,保证电气设备及供电系统安全。

## （二）触电事故和现场急救

### 1.触电伤害的种类

当人体触及带电体，或带电体与人体之间闪击放电，或电弧波及人体时电流经人体进入大地，或通过其他导体形成导电回路时，人体受到较高电压或较大电流伤害，会造成人体局部受伤或致残，甚至死亡的现象称为触电。按照电能施加的方式和危险程度，触电分为电伤(外伤)和电击(内伤)两种情况。

（1）电伤

电伤是指电流转变成其他形式的能量造成的人体伤害，包括电能转化成热能造成的电弧烧伤、灼伤和电能转化成化学能或机械能造成的电流斑、皮肤金属化及机械损伤、电光眼等。电伤多数是局部性伤害，在人体表面会留有明显的伤痕。

（2）电击

电击是指电流通过人体内部，对人体心脏、肺等内部器官和中枢神经系统的正常工作造成伤害，严重时会危及生命。人遭受电击时，轻者发生痉挛、呼吸困难，重者失去知觉甚至死亡。电击是全身伤害，但一般不在人体表面留下大面积明显的伤痕。

虽然将触电事故所造成的伤害分为电击和电伤两种，但事实上触电过程是比较复杂的。在很多情况下，电击和电伤往往同时发生，但大多数触电死亡是由电击造成的。日常所说的触电事故，多指电击。

### 2.触电形式

触电形式主要分为直接触电、间接触电、感应电压触电、剩余电荷触电等几种，每种又有不同的具体触电方式，了解这些触电方式有助于避免在船舶及岸上触电事故的发生。

（1）直接触电

直接触电是指人体直接触及正常运行的带电体所发生的触电，如误触相线、刀闸或其他设备的带电部分等。按照电流通过人体的途径，直接触电主要有四种方式：双线触电、电源中性点接地的单相触电、电源中性点不接地的单相触电和弧光触电。

①双线触电

双线触电是指人体同时与两相电接触的触电，如图 1-1 所示。在这种方式下人体承受的是线电压，且有电流通过心脏，因此无论是在船上还是在陆地上，它都是最危险的触电方式。

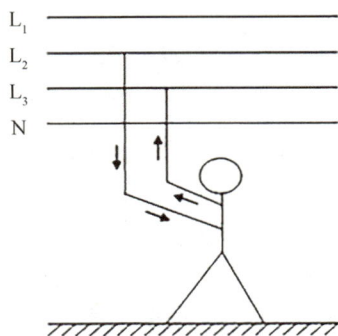

图 1-1　双线触电

②电源中性点接地的单相触电

电源中性点接地的单相触电如图 1-2 所示,此时人体承受相电压,电流经过人体、地(船体)和中性点的接地线形成闭合回路,触电后果也非常严重。因为一般远洋船舶上采用的都是三相三线绝缘电力系统,故此种触电方式一般发生在陆地上,在船上仅当船舶在靠泊或修船期间采用岸电供电时才有可能发生。

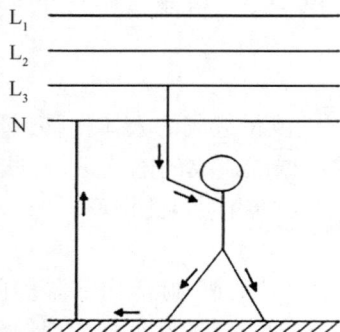

图 1-2　电源中性点接地的单相触电

③电源中性点不接地的单相触电

电源中性点不接地的单相触电如图 1-3 所示。对于大多数船舶电力系统而言,电源中性点不接地,电源线与船体间是隔离状态(绝缘电阻极大),因此发生单相触电时,从理论上讲电流不会流过人体。但实际上,一方面,船上电缆与船体间存在分布电容(电缆越长,电容越大),从而产生容抗;另一方面,船上绝缘也经常不太理想,因此当发生单相触电时,流过回路(电源相线 $L_3$—人体—地(船体)—相与地间的阻抗—电源相线 $L_2$)的电流可能比较大,从而造成触电伤害。

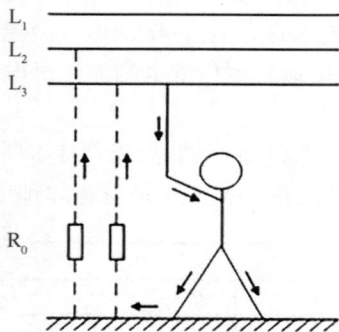

图 1-3　电源中性点不接地的单相触电

④弧光触电

弧光触电是指人靠近高压线(高压带电体),高压可击穿带电导体与人体之间的空气,造成弧光放电而产生的触电伤害。弧光触电可将人体烧伤,严重时可致死亡。现代大型船舶和海洋工程船舶采用高压电力系统的越来越多(按中国船级社的定义,船上 1 kV 以上的电压即称为高压电),因此这种触电方式在船上有可能发生。应防范这种触电事故,时刻注意与高压系统保持足够的安全距离。

（2）间接触电

间接触电是指电气设备发生故障后,人体触及意外带电部分所发生的电击,如大风或船损造成电线接触本不带电的物体、电动机等用电设备的绝缘损坏而引起外壳带电等情况导致的触电。间接触电也有两种方式:跨步电压触电和间接接触电压触电。

①跨步电压触电

当带电体接地有电流流入地下时,电流在接地点周围产生电压降,人在接地处两脚的电位不同,因而产生了跨步电压,由此引起的触电事故叫跨步电压触电,如图1-4所示。人受到较高跨步电压的作用时,电流虽然沿着人的下身,从脚经腿、胯部又到脚,与大地形成通路,没有经过人体的重要器官,好像比较安全,但是实际并非如此,因为此时双脚会抽筋,使身体倒在地上。这不仅使作用于身体上的电流增加,而且使电流经过人体的路径改变,完全可能流经人体的重要器官,如从头到手或脚,因而这种触电也非常危险,能造成致命伤害。

图1-4 跨步电压触电

跨步电压触电一般发生在高压电线落地时,但对低压电线落地也不可麻痹大意。根据试验,当牛站在水田里时,如果其前、后胯之间的跨步电压达到10 V左右,牛就会倒下,电流通常会流经它的心脏,触电时间长了,牛就会死亡。

当一个人发觉可能存在跨步电压时,应赶快将双脚并在一起,然后马上用一条腿或者两条腿跳离危险区。

②间接接触电压触电

在正常情况下,电气设备不带电的外露金属部分,如金属外壳、金属护翼和金属构架等,在发生漏电、碰壳等金属性短路故障时就会出现危险的接触电压。此时人体触及这些外露的金属部分,如果人体不同部位(如手、脚)同时触及具有不同电位的部位,人体就会承受一定的电压,由此电压导致的触电即为间接接触电压触电,如图1-5所示。

接触电压是指人接触的与接地装置相连的电气设备外壳等接触处和人站立点之间的电位差。电流通过接地装置时,大地表面会形成以电流入地点为中心的分布电位。距电流入地点越近,电位越高。

（3）感应电压触电

带电设备通过电磁感应和静电感应的作用,会在附近停电设备上感应出一定的电位。此电位大小与带电设备的电压、电气和几何对称度,停电设备与带电设备的接近程度、平行距离,以及其他多种因素有关。

图 1-5　间接接电压触电

如果感应出的电压足够高,人接触停电设备,就会导致感应电压触电。此外,电力线路对通信等弱电线路的危险感应,还经常造成通信设备的损坏,甚至工作人员的伤亡。

（4）剩余电荷触电

电气设备的相间和对地间都存在一定的电容效应。当电源断开停电时,刚断开的停电设备上由于电容效应而将保留一定的电荷,这就是剩余电荷。此时,人体如果触及停电设备,就可能遭受剩余电荷的电击。设备容量越大,遭受电击的程度就越严重。因此,对未装地线的较大容量设备,在其停电后对其作业或测试应先逐相短路接地放电。

此外,诸多电气设备的电源部分、变频器等都含较大的电容,在检修前也应对其充分放电,防止电容上剩余电荷导致的触电。

需要说明的是,船舶上发生的触电大部分为直接触电形式,但随着高压电力系统在船舶上的应用,对其他几种触电方式也应给予足够的重视。

### 3.触电急救

当发现有人遭受电击(低压电)伤害时,应迅速组织现场急数。急救工作包括下列内容:脱离电源,对症救治。

（1）脱离电源

发现有人触电时,应立即使触电者脱离电源。此操作应由电工或受到安全用电方面培训的人员执行,没有把握时应迅速报告。在脱离电源时应注意:

如果事故离电源开关较近,应立即切断电源开关;如果事故离电源开关太远,来不及立即断开,救护人员可将干燥的衣服、手套、绳索、木板、木棒、绝缘杆等绝缘物作为工具,拉开触电者或挑开电源线使之脱离电源;如果触电者因抽筋而紧握电线,可用干燥的木柄斧、胶把钳等工具切断电线,或用干木板、干胶木板等绝缘物插入触电者身下,以隔断电流;如果触电者在高处,应采取安全措施,防止触电者从高处跌落受伤。在触电者未完全脱离电源前,救护人员切勿直接接触触电者,如果情况特殊,需要时最好用一只手操作并做好对地的隔离措施,防止发生触电事故;在触电者脱离电源后,应注意及时处理现场,排除危险,防止再次触电。

（2）对症救治

在触电者脱离电源后,应按照触电者的受伤程度采取相应的救治办法。应尽量在现场救护,同时申请医疗方面的帮助,先救后搬。在现场和搬运中也要注意触电者的变化,按伤势轻重采取不同的救治方法:

①若触电者受伤不太严重、神志清醒,只感到心慌、乏力、肢体发麻,应将其抬到通风处平卧,同时注意观察。如有必要,应及时请医生诊治或获得外界帮助。

②若触电者神志不清,但呼吸、心跳正常,应将其抬至空气清新处平躺,解开其衣领以利呼吸,并召请医生。若发现其呼吸困难、脉搏变弱或发生痉挛,应准备心跳停止时的进一步救护。

③若触电者呼吸停止,但心跳存在,应立即采用人工呼吸法抢救;若触电者有呼吸而无心跳,应采用胸外心脏按压法进行抢救,使其恢复心跳;若触电者心跳、呼吸均已停止,应立即按心肺复苏术就地进行抢救。只要触电者没有明显死亡症状,就应坚持抢救。

在现场抢救的同时,应尽快通知医务人员赶至现场急救,同时做好送往医院的准备。如船在海上航行途中,应及时向外寻求帮助。

关于心肺复苏术,考虑到本书的读者一般都在其他基础科目中接受过训练,本书不再介绍。

## 二、船舶电气设备防火、防爆常识

### (一)船舶电气设备防火常识

船舶火灾不仅直接危及船舶安全运输,同时也给广大船员和乘客造成很大威胁,因此船舶防火是船舶安全的重要工作。

燃烧的三要素是:充足的空气、可燃物质、火源或危险温度。只要这三者不同时存在,就不会发生火灾。爆炸和燃烧是同一化学反应,其氧化反应的传播速度极快,并伴随着气体急剧膨胀而产生巨大声响。

船舶防火重在控制火源,而意外火灾的火源通常是电气设备。

#### 1.电气设备引发火灾的原因

船舶电气设备在运行中出现故障、使用或管理不善、绝缘老化都有可能形成电气火源,进而引发火灾。下列情况可能形成火源:

(1)电气设备因绝缘老化、绝缘损坏、潮湿等而造成绝缘强度下降,通电时就可能发生短路、接地等故障,进而造成温度过高或发出火花。

(2)电气设备或电缆长期超负荷工作,或由短路故障、非正常电压等引起电流过大,使电缆或电气设备温度过高而可能引起火花。

(3)导体的连接点松动、氧化、腐蚀等引起接触不良,造成局部过热。

(4)电气设备(特别是插座)进水形成短路或接地,在短路或接地点局部发热。

(5)可燃物质离发热电气设备过近,照明灯具上覆盖衣物、纸张等。

(6)电气设备的铁芯局部短路、接触不良等,会导致电气设备局部过热。

#### 2.电气设备防火要求

为防止电气设备引起火灾,应注意下列事项:

(1)经常检查电气线路及设备的绝缘电阻,发现绝缘低于最低要求、接地、短路等故障要及时排除。

(2)电气线路和设备的载流量必须控制在额定范围内,禁止超载运行。

(3)严格按工艺要求,保证电气设备的安装质量。

(4)按环境条件选择和使用电缆、电气设备,在易燃易爆场所要使用防爆电器。

(5)电气连接处要牢靠,防止松动脱落。

(6)注意电气设备的日常维护、保养和清洁工作;保证物料堆放整齐,远离发热电气设备,且通风良好。

(7)防止机械损伤破坏绝缘。

### 3.电气设备火灾的扑灭

电气设备起火时,首先应设法切断着火部分的电源,然后用二氧化碳、干粉等灭火剂灭火。不能用消防水带灭火,防止触电。切断电源的地点应选择得当:一方面,要尽量减小停电范围以利于灭火;另一方面,开关设备因受火灾影响,其绝缘可能受到破坏,要防止操作中发生触电。

这方面的知识一般在"船舶消防"培训中专门讲授,本书不再赘述。关于蓄电池动力船舶的集装箱式移动电源的消防灭火系统,在本书后面章节会详细介绍。

## （二）船舶电气设备防爆常识

防爆电气设备是指能在爆炸危险场所安全运行的所有带电设备。防爆电气设备按其适用场所分为:

(1) Ⅰ类:煤矿用防爆电气设备;

(2) Ⅱ类:除煤矿用以外的电气设备(如石油和化工用电气设备);

(3) 粉尘类:用"DIP"表示。

在船舶环境下,常见的是Ⅱ类防爆电气设备。

在爆炸性气体环境中安装的电气设备主要有隔爆型电气设备(用"d"标识)、增安型电气设备(e)、本质安全型电气设备(i)、正压型电气设备(p)、充砂型电气设备(q)、浇封型电气设备(ma、mb)、充油型电气设备(o)、n型电气设备(nA、nC、nL、nR、nZ),以及除这些以外的并经检验机构检验确认的防爆特殊型电气设备(s)等。船上通常使用下列几种类型的防爆电气设备:隔爆型、增安型、本质安全型、正压型、充砂型、浇封型。

### 1.危险区域及防爆电气设备要求

根据《钢质海船入级规范》,一般船舶的危险区域及防爆电气设备主要要求如表1-1所示。

表1-1　一般船舶的危险区域及防爆电气设备主要要求

| 处所 | 类别 | 温度组别 |
| --- | --- | --- |
| 蓄电池室 | ⅡC | T1 |
| 油灯间 | ⅡB | T3 |
| 油漆间 | ⅡA | T3 |
| 氨装置室 | ⅡA | T1 |
| 乙炔储藏室 | ⅡC | T2 |
| 危险货物舱 | 按载运危险货物的类别 | 按载运危险货物的类别 |
| 60 ℃及以下闪点的油管管隧 | ⅡA | T3 |

油船或其他类型的船舶也有很多危险区域,规范对此有明确的规定,对可安装在这些危险区域的电器有一定的IP等级要求(通常要求至少为IP54)和防爆类型。

### 2.防爆电气设备的使用与维护

对防爆电气设备不仅要保证在制造过程中的防爆安全质量,还要保证安装、使用和维护得当,以达到防爆的目的。

对船舶危险区域的防爆电气设备应按照国家相关标准进行维护和检修,在工作中应注意如下事项:

（1）严格执行安全生产作业规定,进入现场应消除静电;作业时,应确认现场无可燃性物质泄漏,可燃性气体浓度应在安全下限以下。

（2）在危险环境下进行检修应使用防爆工具,尽量采用适合危险场所的防爆型测试仪器。

（3）维修设备或更换部件时,应切断前级电源,严禁带电开盖。若设备内部有储能元件或发热元件,还应延迟一段时间,待壳体内部温度降至燃点以下时再开盖。应严格按照设备警示说明操作。

（4）若检修需要焊接动火,应将设备拆离危险场所,或确保可燃性气体浓度稳定在安全下限以下。

（5）在设备检修完毕后,紧固螺栓时,应将各个螺栓拧紧并使其受力均匀,建议采用扭力扳手紧固。

（6）接线时,应注意引入装置中的橡胶密封圈是否抱紧电缆;密封填料是否密封可靠。尤其在安装时,多根导线引入要保证隔离密封可靠,不可勉强进线;电气设备的隔离密封应使用具有防爆安全认证的粉剂填料或有一定强度的其他填料等;防爆电气设备未使用的引入装置及通孔应用适合相关防爆类型的堵塞件进行堵封(本质安全型除外),应采用仅用工具才能打开的堵塞件。

（7）在清洁设备,尤其是清洁非金属材料外壳的电气设备时,应采用湿布擦拭,避免产生静电。

（8）更换电气部件或光源时,应注意不得随意改变型号、规格或制造商。

（9）电器和仪表中的观察窗、灯具的透明件与金属壳体的隔爆配合面,只能采用胶粘、金属衬垫或直接配合的方式,不允许采用橡胶衬垫配合。

（10）防爆电气设备的外壳发生碰撞变形或锈蚀后,通常意味着防爆性能破坏,不应继续使用。

# 第二章

# 电池动力船舶常识理论

## 一、电池动力船舶发展现状

21 世纪以来,世界经济增长带来的环境问题日益严峻,国际社会持续关注环境污染与保护议题,对各行业低碳环保的要求也不断提高,一系列国际新公约、新规则、新标准应运而生,例如:为全面控制温室气体排放、应对全球气候变暖的《联合国气候变化框架公约》,为应对全球气候变化做出行动安排的《巴黎协定》等。世界气象组织(WMO)发布的《2019 年全球气候状况声明》证实:全球气候持续变暖,所产生的一系列连锁反应正在加剧,距离实现《巴黎协定》的温度控制目标越来越远。联合国秘书长古特雷斯表示,需要全球所有国家表明政治意愿且抓紧行动,才能于 2030 年实现 45% 的碳减排量(较 2008 年),于 2050 年实现零碳排放。

全球贸易的 90% 是通过海运完成的,船舶航运带来的环境污染问题受到国际社会的高度关注。国际海事组织(IMO)不断制定和出台各项防止船舶污染环境的强制性规定。IMO 一直致力于推动航运业的温室气体减排工作,将减小船舶碳排放列为重点管理措施。IMO 为推动国际航运业尽快实现碳减排目标,在 2011 年通过了船舶能效设计指数(EEDI),将其作为控制船舶温室气体排放的主要手段,以期监管航运业和船舶行业低碳排放的过程;在 2018 年通过了《减少船舶温室气体排放的初步战略》,从愿景目标、减排力度、指导原则、不同阶段的减排措施和影响等方面对航运业应对气候变化的行动做出总体安排(见图 2-1)。这不仅是全球航运业首次为应对气候变化而制定的温室气体减排战略,还是 IMO 在航运温室气体减排谈判进程中的重要里程碑。

海洋环境保护委员会(MEPC)认为,开发可供全球利用且安全的船舶新能源可能面临较大的实施障碍,如为了引入替代燃料而必须制定燃料生命周期温室气体/碳强度指南。IMO 已在《使用气体或其他低闪点燃料船舶国际安全规则》中为液化天然气燃料船舶制定了安全标准,但尚未形成针对氢或其他燃料的船舶使用安全标准。MEPC 表示,将通过促进信息共享、技术转让与合作的方式促进公私伙伴关系和信息的交流,协助推动低碳技术的研发进展,加快实现船舶向低碳、零碳燃料的转型发展。经过各方利益的博弈与平衡,IMO 关于船舶碳减排的初步战略已于 2023 年正式转为最终战略,相关国际规则的变化将决定航运业的发展方向。这势必给我国节能减排相关政策的制定带来重大影响,航运业节能减排的阶段性目标与措施也需要随之进行调整。国际规范与新兴技术将成为影响航运业未来清洁低碳发展的重要因素。随着 IMO 最终环保预期规则和标准的确立,新的船舶与航运投资发展机遇将随之而来。

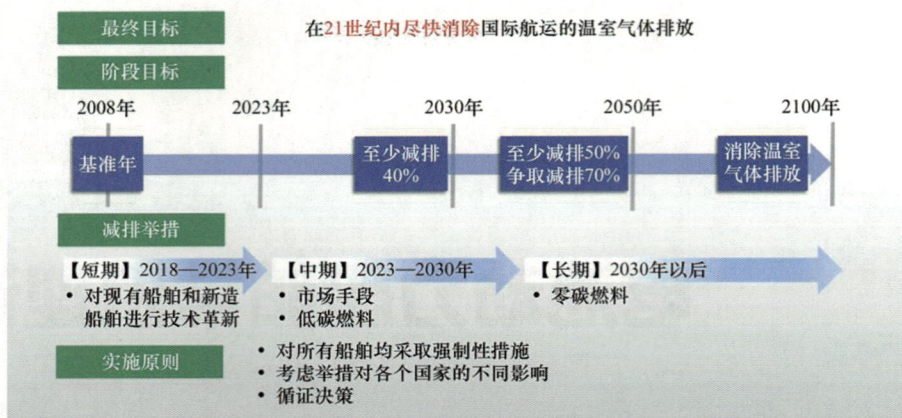

图 2-1　IMO 减少船舶温室气体排放初步战略示意图

针对国际公约和 IMO 对船舶节能环保的新要求,中国在绿色船舶发展领域取得了一些成绩:对标国际行业标准和规范,出台了相关政策来引导船舶制造业和航运业的绿色化发展;国内科研院所和企业紧跟国际趋势,在船舶替代燃料研发、绿色船型建造等领域有所突破。在此背景下,绿色环保理念应运而生,逐渐被船舶行业接受和认可,中国船舶绿色发展的模式开始进入深入挖掘和探索的新时代。

在当前国际社会推进减碳和我国全面实施"双碳"重大战略的背景下,纯电动船舶的广泛应用将大幅减少航运碳排放,减少空气中二氧化硫、氮氧化物和细颗粒物含量,有效推动航运业节能减排和绿色生态发展,对我国内河及沿海绿色航运发展具有示范带动作用。目前所称电动船舶分为纯电动船舶、柴电混合动力船舶以及燃料电池船舶等。本书所述的纯电动船舶是传统船舶技术与新能源技术相结合的重要产物,具有结构简单、运营成本低、零碳排放等特点,有着广阔的应用前景,受到了人们的广泛关注。随着全球对减少碳排放和追求可持续发展的需求日益提高,电池动力船舶被视为传统柴油动力船舶的一种可行替代品,电池动力船舶的发展正在逐渐加速。这一转变是由电池技术的进步、电池成本的降低以及人们日益提高的可持续航运环保和经济效益意识等一系列因素推动的。

锂电池技术逐步成熟之后,中国、挪威、德国、美国等国家逐渐开启了电动船舶的研发和应用。其中,挪威是当下全球运营大型电动船舶数量最多的国家。

目前,电动船舶的电池类型主要包括铅酸电池、镍基电池和锂电池。但近些年,锂电池因具有高密度和更快的充电速度等优点而被广泛采用。得益于锂电池储能系统在关键技术上取得了重大突破,全球在建及营运的电动船舶数量已超过 300 艘,包括渡船、近海船、客船、拖船等多种船型。电动船舶绿色环保,可以实现零碳排放,同时兼具安全便利、推进效率高、使用成本低等优势,且不会出现柴油泄漏等问题。虽然锂电池的购买成本比传统电池高,但从长远来看,其使用寿命更长,所需额外成本更小,因此它是内河航运绿色转型的合适选择。

目前船舶整体锂电池市场渗透率仍然很低,相关数据显示,2022 年中国电动船舶锂电化程度仅为 3.68%;我国电动船舶锂电池 2021 年的出货总容量为 151.2 MW·h,同比增长 100%。近年来电动船舶锂电池出货量呈快速增长态势,意味着我国电动船舶行业的供应规模在不断扩大。其中,亿纬锂能和宁德时代两大头部企业基本垄断我国电动船舶用锂电池市场,其占比合计高达 80% 以上。

就电动船舶来看,目前较适合短航线应用场景,现阶段纯电动船舶主要集中在内湖、内河以及近海港口,以车客渡船、港口拖船、港务船以及海工船等为主。根据交通运输部数据,2021年我国内河船舶保有量为11.1万艘。近年来随着公路、铁路里程的不断增长,内河航运市场受到了较大的竞争压力,国内内河船舶数量一直处于下降态势,老旧船舶陆续进入更新周期。由于长江流域是我国的"黄金航道",流域内大中小型城市星罗棋布,居民颇多,因此推进船舶电动化是践行绿色发展理念,推动长江生态保护和长江航运高质量发展,满足人民日益增长的美好生活需要的重要举措。

## （一）国外电动船舶研究现状

20世纪70年代前,电动船舶主要采用直流电力推进系统,而且由于当时的技术限制,电动船舶调速困难,应用很少。随着科技的不断发展,现代数字控制、矢量控制、直接转矩控制等电力电子技术飞速发展,交流调速系统和直流调速系统在性能上差距不大,但在某些方面交流系统更为简便。

国外电动船舶发展较为迅速,在电动船舶应用方面具有很多我们值得借鉴的经验。在20世纪六七十年代,国外就已经开始研发电动船舶电力推进技术,美国在20世纪90年代就提出了一项名为"海上革命"的计划;欧洲发达国家在20世纪80年代就将先进的基于综合电力推进方案的船舶电力推进技术的研发列为重点研究对象。

2003年10月,一艘由德国研发制造的燃料电池船舶"Sailing Boat"进行首航测试。这艘燃料电池船舶采用的是一种名为PEM的燃料电池,通过测试可知其正常航速为6 km/h,续航能力可达到225 km。燃料电池在美国应用较早,2003年,美国的一艘燃料电池摆渡船在旧金山湾区实现往返。2009年,德国的氢燃料电池船舶"Alsterwasser"号进入下水运行阶段,这是燃料电池应用到客船上的首次试验,并取得了成功。这艘船舶采用质子交换膜燃料电池和蓄电池组联合供电的方式来推进航行。

2010年5月,东京海洋大学采用了极速充电锂电池作为推进船舶"雷鸟Ⅰ"号的动力源,该船舶具备良好的安全性和便利性,符合环保的各项要求。ABB和西门子等公司也纷纷加入研发队伍中,并且相继在电力推进方面取得突破,目前在全世界有数百艘船舶采用其所设计的新型推进系统。2011年,挪威成功将熔融碳酸盐燃料电池应用到一艘名为"Viking Lady"号的海洋工程供应船上。英国劳氏船级社LR、美国船级社ABS、挪威船级社DNV都有成熟的相关标准,对电池系统、电池动力系统、混合动力系统进行产品检验,对电池动力系统、混合动力系统在船舶机舱中的布置、调试进行验收。

近年来随着IMO船舶排放新法规的逐步实施,船舶电池技术不断完善,电动船舶得到了快速发展。挪威、荷兰等欧洲国家因为在电动船舶领域起步较早,加上政府出台相应的法律法规,给予电动船舶相应的政策和财政支持,所以在电动船舶技术领域目前处于领先地位。

## （二）国内电动船舶研究现状

近年来,在我国不断出台相应法律法规对碳排放进行控制的进程中,纯电动船舶的发展对于交通行业的碳达峰,以及促进海洋经济的发展都具有重要意义。与此同时,各地积极加快电动船舶多场景实地应用,造船企业等上下游企业加快技术研发并培植电动船舶技术优势,加快构建良性可持续发展的产业生态,电动船舶的发展风生水起,已然成为航运业的一大亮点。

我国内河水域自身净化能力较低,水厂水源所在地多,船舶通航密度大,船舶污染将会对内河水域产生很大影响,不利于人类社会和环境的可持续发展。相关部门出台了一系列政策法规,加强对海洋和内河水域的管理。2015年4月,国务院正式印发《水污染防治行动计划》,明确规定要加强船舶港口污染控制。

2015年5月,中国将海洋工程装备及高技术船舶作为《中国制造2025》纲领中重点发展领域之一。在高技术船舶方面,工业和信息化部着重强调超级节能环保船舶的研发。

2019年9月,中共中央、国务院印发《交通强国建设纲要》,明确提出要加强新型载运工具研发,强化新能源船舶等自主设计建造能力。工业和信息化部、国家发展改革委、财政部、生态环境部、交通运输部联合发布的《关于加快内河船舶绿色智能发展的实施意见》指出,要加快发展电池动力船舶,重点推动纯电池动力技术在中短途内河货运船舶、滨江游船及库湖区船舶等船舶上的应用。

各地积极响应,相继出台鼓励政策、配套政策。2022年4月,福建省工业和信息化厅、财政厅联合印发《2022年福建省电动船舶产业发展试点示范实施方案》,突出全产业链支持:对福建省电动船舶电池动力推进系统生产企业,按交付船舶电池动力推进系统价格的20%给予补助;对福建省电动船舶制造企业,在电动船舶交付且运行一定里程后,按交付船舶电池动力推进系统价格的40%给予补助。

2022年10月,江苏省交通运输厅联合江苏省港口集团发布《江苏省纯电动内河集装箱船舶试点应用实施方案》。该方案提出,至2023年,江苏省将搭建纯电动内河集装箱船舶试点应用推进机制,建设与纯电动内河集装箱船舶试点相适应的充换电设施,实现苏州内河港工业园南作业区至苏州港浮桥作业区试点航线稳定运营;至2025年,江苏省纯电动内河集装箱船舶初步实现商业化运营,纯电动运输船舶标准规范和关键技术取得突破,内河纯电动运输船舶发展规模、应用实效全国领先。

与此同时,央地联合、企业联合步伐加快,释放“电动船舶朋友圈”共建共享效应。

2023年2月8日,工业和信息化部与湖北省人民政府在武汉签署《加快内河船舶绿色智能发展合作备忘录》,双方将以发展LNG动力、电池动力以及甲醇、氢等新能源清洁能源标准化船型为重点,带动长江内河船舶绿色智能转型升级。同日,在中远海运集团的积极推动下,中国电动船舶创新联盟成立,联盟成员涵盖绿色电力供应、动力电池、电力推进系统、船舶设计建造、系统集成服务、规范认证、港口码头、岸基充换电、客货船运输、科研院所以及产业链投融资等领域。联盟未来将发挥上下游联动合作创新优势,为技术项目合作、信息互联互通和交流学习创造条件,促进行业良性发展。

目前,船舶电动化进入快速发展期,其中纯电动船舶成为发展的主流方向。我国电动船舶已进入商业化推广阶段,主要应用领域包括内河运输、近海运输等。

早在2017年11月,全球首艘2 000吨级电动船舶在广州下水试航。该船主要航行于珠江等内河水域。该船整船电池容量约为2 400 kW·h,相当于30多台“比亚迪-汉”汽车的电池容量,理论上2 h就可以充满电,续航力可达80 km。

2022年8月,全国首艘120标箱纯电动内河集装箱船——“江远百合”号下水。该船目前已投入京杭运河苏州工业园区港至太仓港80 km航段运营,每年可减少有害气体排放1 520 t。该船尾部装配有3个20 ft标准集装箱大小的船舶动力电池集装箱,每个内部安装容量为1 540 kW·h的磷酸铁锂电池。值得关注的是,该船设计为“即插即拔”换电模式,换电仅需20 min。

不仅小型货船,公务船、港作拖船、游船也在加快应用。

2019年,长江流域第一艘纯电动公务船——改柴油为纯电池动力公务船“海巡12909”号投用;2021年4月,由交通运输部首次批复新建的20 m级纯电池动力公务船"海巡12930"号在三峡枢纽河段交船使用;2021年11月9日,由交通运输部首次批复建造的30 m级纯电池动力高速公务船舶"海巡12931"号交付。

2021年8月16日,由我国自主建造的国内首艘纯电动拖船——"云港电拖一号"在连云港港交付试运行。该船采用磷酸铁锂电池组作为动力源,配合由国网连云港供电公司建设的高压岸电系统,可完全替代传统大功率燃油拖船,实现大气污染物的零排放。

2022年3月,我国自主研制的新能源纯电动游船"长江三峡1"号首航,该游船利用清洁水电充电。2022年6月,200客位纯电动现代游船"利记02"号交付,用于武汉水上客运。2022年10月,380客位新能源纯电动游船"广游19"号交付启航,可提供江景游览、娱乐餐饮、音乐舞会等综合服务。

目前,汉江120标箱新能源纯电动集装箱示范船、上海中远海绿水航运有限公司700标箱电动集装箱船、福州市内河旅游发展有限公司现代双层纯电动客船等一批电动船舶已经投入营运。

其中,700标箱电动集装箱船将成为长江第一艘万吨级电池动力集装箱船。该船配装36组箱式电源,总容量约为57 600 kW·h,配有2台900 kW的交流异步推进电机,采用换电模式实现全程纯电航行,续航力为380 km。

## 二、主流船用动力电池的工作原理和结构组成

我国电动船舶起步晚于西方国家,但经过近10年的厚积薄发,我国电动船舶产业整体实力已进入全球前列,并在部分核心技术方面实现领跑。

在电动船的核心部件——动力电池方面,中国船级社已向宁德时代、中创新航、亿纬锂能、国轩高科、欣旺达等数十家电池企业发放了锂电池相关产品型式认可证书,覆盖电芯、模组、BMS和电池包等关键核心元件。

《船舶应用电池动力规范》(2023)在《纯电池动力船舶检验指南》(2019)的基础上,结合行业技术、实船案例修订完善而成,明确提出了蓄电池包火灾防控装置的相关内容,并对船舶应用的箱式电源等进行了补充规定。

在内河中或海上航行的船舶发生火灾时,救援是十分困难的。因此,保障电动船舶的安全在很大程度上就是要保证动力电池的安全,而相关的火灾防控装置也要安装到位。

根据《船舶应用电池动力规范》(2023)的相关规定,船用动力电池主要分为安全等级1和安全等级2两种蓄电池。

一般来讲,安全等级为1的蓄电池通常是指三元锂电池,常见的软包、圆柱、方形、刀片等磷酸铁锂电池和钛酸锂电池属于安全等级为2的蓄电池。

综上所述,三元锂电池和磷酸铁锂电池是当今世界上主流的船舶动力电池,钛酸锂电池目前正在突破中。

## （一）锂电池发展及应用概述

锂电池是一类由锂金属或锂合金为正负极材料、使用非水电解质溶液的电池,具有高能量密度、低自放电率、长使用寿命等特点,广泛应用于手持终端、电动摩托车、储能系统等领域。

### 1.起源

20世纪60年代,英国的约翰·古德诺夫教授在研究磁性材料时,发现了一种新型正极材料——钴酸锂($LiCoO_2$)。钴酸锂正极具有高能量密度和较长的使用寿命,成为锂电池中最常用的正极材料。此后,法国的拉谢德教授和美国的惠特克教授分别提出了锂电池的负极材料——石墨和钛酸锂($Li_4Ti_5O_{12}$),锂电池的三元组合正负极材料体系逐渐形成。

### 2.发展

在20世纪80年代初期,锂电池的商业化应用开始逐步出现。索尼公司在1991年推出了第一款商用锂电池,被广泛应用于笔记本电脑、移动电话等便携式电子产品中。此后,锂电池的市场需求不断增长,尤其在智能手机和平板电脑等移动设备领域的应用越来越广泛。

然而,在发展过程中,锂电池也遇到了一些问题。首先是安全性问题,由于锂电池内部存在化学反应,如果使用不当或存在缺陷,可能引发过热、短路、爆炸等安全事故。其次是电池使用寿命问题,锂电池的使用寿命主要受制于正负极材料的失效机制和电解液的化学稳定性。

### 3.突破

在21世纪初期,锂电池经历了一次重要突破。2002年,日本科学家吉野彰在针对锂电池负极材料的研究中,提出了采用石墨材料的碳负极,取代原先的金属锂负极,这一技术被称为"锂电池的革命性突破",该成果于2019年获诺贝尔化学奖。采用碳负极可以降低电池的重量和成本,同时改善电池的安全性和循环寿命。随后,锂电池的应用范围进一步扩大,包括电动汽车、储能系统、航空航天等领域。

随着人们环保意识的提高,锂电池的可持续发展也受到关注。研究人员尝试采用可再生材料制造电池,如磷酸铁锂电池、钠离子电池等。这些材料不仅具有较高的能量密度和较长的循环使用寿命,而且可以避免使用有害物质和资源枯竭的问题,因此具有重要的意义。

锂电池经历了多次技术革新和产业升级,并已逐渐成为当今世界重要的能源存储和转换技术之一。

## （二）锂电池的工作原理

目前主流商用锂电池分别是三元锂电池和磷酸铁锂电池。

三元锂电池和磷酸铁锂电池的区别是:

正极材料不同:磷酸铁锂电池的正极是使用磷酸铁制造的,而三元锂电池的正极是使用三元材料制造的。

能量密度不同:磷酸铁锂电池电芯能量密度大概是110 W·h/kg,而三元锂电池电芯能量密度普遍为200 W·h/kg。也就是说,在相同重量下,三元锂电池的能量密度是磷酸铁锂电池的1.7倍,因此三元锂电池能够为新能源汽车带来更长的续航时间。

温差效率不同:磷酸铁锂电池耐高温,而三元锂电池耐低温性能更好。在−20 ℃时,三元锂电池能够释放70.14%的容量,而磷酸铁锂电池只能释放54.94%的容量。

充放电效率不同:磷酸铁锂电池的充电效率通常比三元锂电池低,磷酸铁锂电池的充放电效率一般在80%左右,而三元锂电池则可以达到90%左右。

循环寿命不同:磷酸铁锂电池的循环寿命通常比三元锂电池长,磷酸铁锂电池的充放电循环次数可以达到 3 500~5 000 次,而三元锂电池的充放电循环次数仅在 2 500 次左右。

生产成本不同:磷酸铁锂电池的生产成本通常比三元锂电池低。

但动力锂电池的基本工作原理是类似的,都是将化学能转化为电能。在电池内部,化学物质发生化学反应,产生电能。这些化学物质通常是由一对金属电极和一种电解质溶液组成的。当电池发生化学反应时,金属电极会生成氧化物或氢氧化物,这些物质会形成一个薄膜,阻碍电解质溶液中的离子流动。当电池处于充电状态时,金属电极会被还原成金属,而电解质中的离子也会随之移动。这样,电能就产生了,并被用来推动电动机,进而推动船舶前进。图 2-2 为锂电池工作原理图。

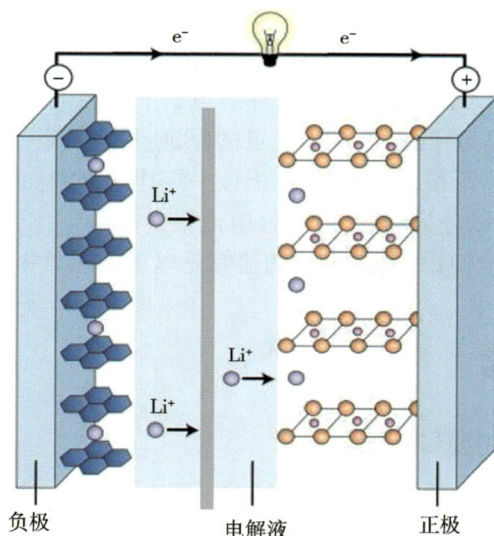

图 2-2　锂电池工作原理图

## (三)锂电池的结构组成

锂电池大致可分为 4 个组成要素,分别是正极、负极、电解液和隔膜。负极的结构与正极相同,也是采用在集流体(铜箔)上涂布活性物质的方式,其作用是对正极放出的锂离子进行可逆性的吸收/释放,并通过外部电路流出电子。

目前,锂电池正极材料有锂钴二氧化物($LiCoO_2$)、锂镍氧化物($LiNiO_2$)、锂铁磷氧化物($LiFePO_4$)、锂钛氧化物($LiTiO_2$)和锂锰氧化物($LiMn_2O_4$)。随着科技的发展,新型的正极材料将不断地被研发。

锂电池负极材料主要分为碳材料和非碳材料两大类。目前已经实际用于锂电池的负极材料基本上都是碳材料,如人工石墨、天然石墨、中间相碳微球、石油焦、碳纤维、热解树脂碳等。与其他的嵌锂负极材料相比,碳材料具有高比容量、低电化学电势、良好的循环性能、廉价、无毒、在空气中稳定等优点,是目前市场上最成熟的锂电池负极材料。

非碳负极材料目前大多数还处于研发阶段:非碳负极材料主要包括过渡金属氧化物、多元锂合金、锂金属氮化物和过渡金属氮化物、磷化物、硫化物、硅化物等。尽管这些材料在某些方面比碳材料具有更大的优势,例如具有更高的比容量、更好的循环性能、更好的倍率性能等,但同时存在很多问题有待解决,例如充放电过程中的体积膨胀、电压滞后、安全性差等。目前最有可能率先取得突破的是硅材料,市场上已有相关应用,但其成本和售价高昂,性能有待进一步验证和评价,还未被大范围采用。

锂电池的隔膜:锂电池正负极之间有一层隔膜,使正负极隔离,防止电子穿过,同时又能使锂离子顺利通过。锂电池的结构中,隔膜是关键的内层组件之一。隔膜的性能决定了电池的界面结构、内阻等,直接影响电池的容量、循环寿命以及安全性能等,性能优异的隔膜对提高电池的综合性能具有重要的作用。隔膜的主要作用是使电池的正极和负极分隔开,防止两极接触而短路,同时还可使电解质离子通过。隔膜是不导电的,其物理化学性质对电池的性能有很大的影响。电池的种类不同,采用的隔膜也不同。对于锂电池,由于电解液为有机溶剂,所以需要耐有机溶剂的隔膜,一般采用高强度薄膜化的聚烯烃多孔膜。

锂电池的电解液:电解液在电池中起到传导锂离子的作用。在电池放电的过程中,$Li^+$从负极穿过隔膜到正极,电子则从负极经过外部电路回到正极形成了电流。电池的充电过程则刚好相反。电解液是锂电池中离子传输的载体。电解液在锂电池正极和负极之间起到传导离子的作用,是锂电池获得高电压、高比能等优点的保证。电解液一般由高纯度的有机溶剂、电解质锂盐、必要的添加剂等原料,在一定条件下按一定比例配制而成。

锂电池的外壳一般可以分为钢壳(方形锂电池很少使用)、铝壳、镀镍铁壳(圆柱形锂电池使用)、铝塑膜(软包锂电池使用)等。电池的盖帽是电池的正负极引出端。

# 三、超级电容器

## (一)超级电容器的基本概念

超级电容器(Super Capacitor),又称为超级电容或电化学电容器,是一种介于普通电容器和充电电池之间的新型储能器件。超级电容器基于电极-电解液界面的充放电过程进行储能,其储能原理与传统电容器相同,但更适用于能量的快速释放和存储。超级电容器与传统电容器相比具有更高的能量密度,与电池相比具有更高的功率密度。它既具有电容器快速充放电的特性,同时又具有电池的储能特性,可以在几秒内快速充电,并且能够承受50万到100万次循环充放电而不会显示性能衰减,其功率密度可达300~5 000 W/kg。

超级电容器与普通电容器相比,在容量上有着显著差别,普通电容器容量通常在微法拉级,而超级电容器是以法拉(F)为单位的,1 F = 100万 μF,所以超级电容器又叫作法拉电容器。

## (二)超级电容器的分类

根据电荷储存原理的不同,超级电容器可以分为三大类别:双电层电容器(Electrical Double-Layer Capacitor,EDLC)、赝电容电容器(Pseudo-Capacitor,PC)和混合超级电容器(Hybrid Super Capacitor,HSC)。根据电极材料和电容产生原理的不同,可将超级电容器按图2-3所示进行分类。

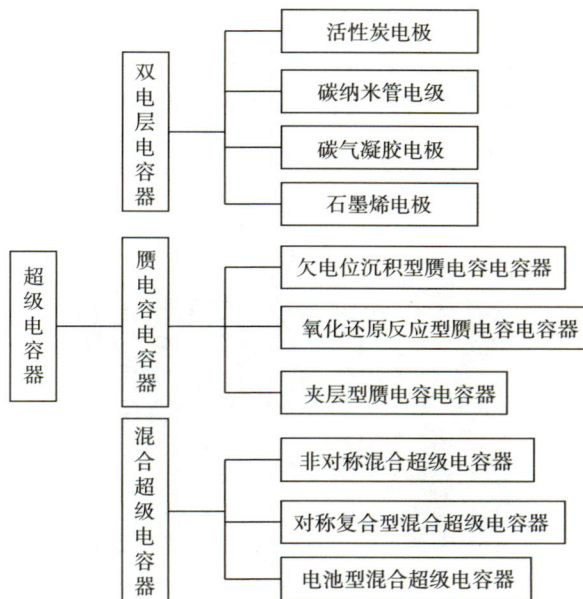

图 2-3　超级电容器的分类

## 1.双电层电容器

双电层电容器的结构如图 2-4 所示,它由集流体、阴阳电极、电解质以及隔膜等几部分组成。其电极通常使用活性炭、碳纤维或碳气凝胶等材料。其隔膜的作用和电池中隔膜的作用相同,即将两电极隔离开,防止电极间短路,允许离子通过。双电层电容器基于纯静电吸附原理,利用电极和电解质之间形成的双电层界面来储存能量。

其充放电过程通过离子的物理移动完成,不存在化学反应。充电时,双电层电容器电解液中的阴阳离子在电场的作用下迅速向两极运动,并分别在两个电极的表面形成紧密的电荷层,即双电层,造成电极间的电势差,从而实现能量的存储;放电时,阴阳离子离开固体电极表面,返回电解液中,并在外电路中产生放电电流。

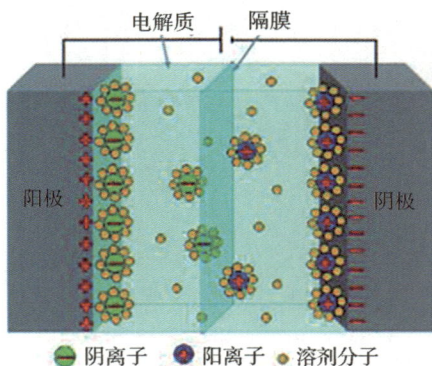

图 2-4　双电层电容器的结构示意图

## 2.赝电容电容器

赝电容电容器又称为法拉第准电容器,可视为双电层电容器的一种补充形式,通过电极材料表面的可逆氧化还原反应来存储能量,其结构如图 2-5 所示。它通常使用金属氧化物(如

MnO$_2$、NiO$_x$、V$_2$O$_5$等)或导电聚合物(如 PPy、PANI 等)作为电极材料。在电极表面或体相中的二维或准二维空间上,电活性物质进行欠电位沉积,发生高度可逆的化学吸附/脱附或氧化还原反应,由于赝电容可在整个电极内部产生,所以赝电容电容器可获得比双电层电容器更高的能量密度,但受限于电化学反应动力学以及反应的不可逆性,导致其充放电功率、循环寿命都比双电层电容器小。

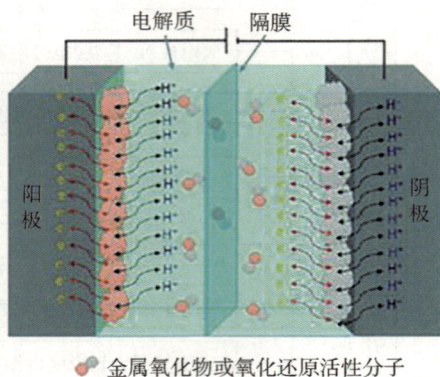

图 2-5　赝电容电容器的结构示意图

### 3.混合超级电容器

混合超级电容器是在对双电层电容器与赝电容电容器的研究基础上诞生的,其结构如图 2-6 所示。其电极材料既有活性炭材料,也有二次电池材料。混合超级电容器融合了双电层电容器与赝电容电容器或电池的优势,采用物理储能+化学储能的原理,能量密度较高,功率密度较低,工作温度范围为−20~55 ℃,循环寿命大于 5 万次。锂离子超级电容器(LIC)是混合超级电容器的典型代表,在充放电过程中,电容器电极发生非法拉第反应,离子在电极表面进行吸附/脱附;电池电极发生法拉第反应,锂离子进行嵌入/脱出。

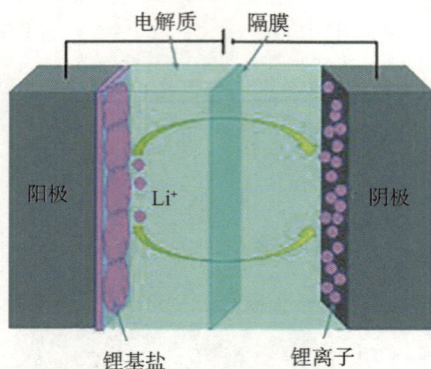

图 2-6　混合超级电容器的结构示意图

### (三)超级电容器的特点

受益于独特的结构与工作原理,超级电容器具有高功率密度、高可靠性、环保等优良特性。

(1)高功率密度特性:区别于锂电池充电时锂离子需要与电荷结合并嵌入负极碳层的微孔中,放电时需要从负极碳层脱嵌,超级电容器充放电时的电荷移动发生在电极表面,因此超级电容器的功率密度更高、充放电速度更快。对比来看,在功率密度方面,双电层电容器最高可达 40 kW/kg,锂电池在 1~3 kW/kg;在充放电时间方面,双电层电容器可达秒钟级,混合型超级电容器在分钟级,锂电池在小时级。

(2)高可靠性特性:在工作温度方面,锂电池的工作温度范围为-20~60 ℃,超级电容器的可宽至-40~85 ℃;在工作寿命方面,由于充放电过程中的电荷移动完全可逆,充放电次数可达 100 万次,工作寿命可达 15 年。而且,超级电容器在短路、被刺破后均不会燃烧,相较于在短路、被刺破时易自燃甚至爆炸的锂电池,超级电容器的安全性更高。

(3)环保特性:超级电容器不含重金属和有害化学物质,在生产、使用、储存以及拆解过程中均不会对环境产生污染,是理想的储能器件;而锂电池无法分解,易对环境产生严重污染。

### (四)超级电容器与锂电池的特性对比

超级电容器和锂电池各有其优缺点,具体如下:

(1)超级电容器具有以下优点:

①功率密度较高。超级电容器的功率密度比锂电池高,能够提供更大的瞬时功率。

②充放电速度快。超级电容器的充放电速度非常快,可以在数秒内完成充电。

③循环寿命较长。超级电容器可以反复充放电数十万次,循环寿命较长。

④安全性好。超级电容器的安全性较高,不会像锂电池那样在高温、过充等情况下起火或爆炸。

(2)超级电容器存在以下缺点:

①能量密度较低。在相同体积下,超级电容器储存的电量较少。

②价格较高。超级电容器的价格较高,需要较多的初始投资。

③使用环境受限。超级电容器在低温环境下性能不稳定,需要在较为温暖的环境中使用。超级电容器使用不当或在极端恶劣环境下使用时,会造成外壳破裂,可能会导致电容器内部成分泄漏,在遇火燃烧中可能会形成 $CO$、$CO_2$ 及有机烃类气体。

(3)锂电池具有以下优点:

①能量密度较高。在相同的体积下,锂电池能够储存更多的电量。

②充放电速度适中。与超级电容器相比,锂电池的充放电速度较为适中,不需要过短的充电时间。

③技术成熟。锂电池在电动汽车等领域的应用已经较为成熟,具有较好的稳定性和安全性。

(4)锂电池存在以下缺点:

①价格高。相同功率密度的锂电池相较于超级电容器价格更高,需要更多的初始投资。

②存在一定的安全性问题。在高温、过充等极端情况下,锂电池存在起火、爆炸等安全风险。

③循环寿命相对较短。相较于超级电容器,锂电池的循环寿命较短,需要更频繁地更换。

超级电容器和锂电池各有其优缺点,需要根据具体应用场景和需求进行选择;在需要高功率密度和快速充放电的情况下,超级电容器较为合适;而在需要高能量密度和长循环寿命的情况下,锂电池较为合适。

## （五）超级电容器的使用注意事项

（1）不可在高于额定电压的情况下使用。

（2）超级电容器不可强行扭动或倒置。

（3）超级电容器的温度不宜超过额定温度上限或下限。

（4）充电电压不宜超过额定电压。

（5）避免阳光直接照射。

（6）避免直接接触水、盐水、油、酸或碱。在湿度较高或温湿度差异较大环境中，建议焊接后在引出电极端部封胶以隔绝水汽，避免引针腐蚀。

（7）超级电容器具有固定的极性，在装配时应注意其极性。

（8）一般情况下，超级电容器在低温下漏电电流更小、备用功率更高、循环寿命更长；反之，在较高温度下，则漏电电流增大、备用功率降低、循环寿命变短，故使用时应尽量远离发热元件。

（9）超级电容器的简单物理串联连接会造成作用在每个超级电容器上的电压失衡，结果是有可能造成电压超过额定值。如果需要串联连接，应进行适当设计以使每个超级电容器工作在安全电压范围内。

## （六）船用超级电容器的日常维护

目前，超级电容器在陆域轨道交通、港口大型机械方面应用较多，但由于其能量密度较低，应用条件要求比较苛刻，在水路方面作为独立主动力装置的应用较少。其防护及维护保养要求可参照法规对磷酸铁锂电池的要求开展：

（1）检查超级电容器的储存、安装位置是否远离火源、热源以及一切易引起火花的电气设备。检修时，操作人员须穿戴必备劳动保护用品，包括绝缘靴（鞋）、绝缘手套等。

（2）日常检查时，可以通过人机界面或 BMS 显示屏检查超级电容器的电压、电流、温度等是否正常，其上电、下电是否正常。

（3）任何时段若发现模块或单体出现短路、冒烟、泄漏等现象，必须立即停止操作，采取断开回路、切断电源等对应安全措施。

（4）灭火时要用七氟丙烷或二氧化碳灭火器，不能使用干粉灭火器，严禁使用泡沫及水灭火。

# 四、锂电池和超级电容器的燃烧特性

## （一）锂电池燃烧特性分析

### 1.锂电池的热失控

在外部高温环境、异常充电或负荷短路等条件下，锂电池的局部温度会急剧升高，大量热量的扩散会引起电池内部的化学反应，继而产生大量的热量和气体，使电池内部的温度和压力迅速升高，导致电池的热失控。

热失控是指电池内部的化学反应失去控制，产生大量的热量和气体，使电池的温度和压力迅速升高，最终可能导致电池的燃烧或爆炸。这种情况一旦发生，不仅会对电池本身造成严重的损坏，还可能危害周围的环境和人员。

热失控的诱因主要包括电池本身内部短路、机械滥用、电滥用及热滥用等方面。

（1）电池本身内部短路

电池本身内部短路是指电池隔膜失效，内部正负极活性材料相互接触，由电化学电势差产生的放电并伴随产热的现象。它主要由制造瑕疵、电池老化等因素造成，一般程度比较轻微。它产生的热量很少，不会立即触发热失控，但随着时间的积累，这种内因造成内短路的风险会逐渐增大。

（2）机械滥用

机械滥用是指电池遭受外部的挤压、针刺等作用，导致电池单体、电池组发生机械变形。机械变形会导致两种后果：一种是电池内部隔膜破裂，从而引起电池内部短路，在短时间内引发自燃；另一种是电池内部的易燃电解液泄漏，并造成次生危害。

（3）电滥用

电滥用是指在电池使用的过程中，由于外部短路、过充电或者过放电等原因，锂离子电解的速度发生变化，电解液中存在一个阳离子浓度梯度，最后过多的锂离子会以金属锂的形式在负极析出，石墨负极集流体熔解；铜离子则会在正极析出，形成铜枝晶，这些枝晶不断生长，会刺穿隔膜，引起电池短路。

①外部短路

短路是一种常见的电池的热失控诱发模式。当电池组中混入导电杂质时或者电池移位触碰非绝缘的电池箱组件时，外短路很容易发生。外短路与针刺过程有所联系，外短路过程的电流约占针刺过程的电流的 3/4。

②过充电

过充电是另一个常见的热失控诱因。由于电池单体之间总是存在不一致性，如果存在任何一节电池单体的电压无法被管理系统有效监控，就会使得这节电池单体存在过充电的危险。在电池电压高于电压限值之后，电流仍会被强制注入电池内部，此时流过的电流会通过电化学反应产生热量。

③过放电

过放电过程与过充电过程相对应，也是一种常见的热失控诱因。由于电池单体之间总是存在不一致性，如果存在任何一节电池单体的电压无法被管理系统有效监控，有可能使这节电池单体发生过放电。

对串联电池组而言，过放电发生时，电池单体被其他电池强制过放电，可能发生电池反极（电压为负）的情况。另外，需要注意的是，过放电之后的电池会在电池组内造成严重的不一致，如果不能有效检测出电池的过放电行为，反复受到过放电的电池将会成为负载，继续工作的电池组就有局部过热的危险。总之，一旦电池组内某节电池单体发生了过放电，电池的安全性必须得到有效的评估，否则电池组可能带"病"运行，且存在内短路甚至热失控的风险。

（4）热滥用

热滥用是指高温等环境会导致电解液中的隔膜大部分崩溃，最终使电池内部短路。热滥用往往是从机械滥用和电滥用发展而来的，并且是最终直接触发热失控的一环。除了由机械滥用、电滥用导致的过热之外，电池连接接触松动也会引起过热。

电池组内电池之间一般都用金属接头进行连接，在使用过程中，如果连接接头松动，就会造成局部接触电阻增大。很多事故就是因为动力电池组某接头松动造成局部接触电阻增大，在对电池组进行大电流充电时，造成松动的接头处电阻过热，从而导致连接处电池的热失控。

## 2.锂电池的燃烧过程

锂电池的热失控往往从电池电芯内负极表面的固体电解质界面膜(SEI 膜)分解开始,继而隔膜分解熔化,导致负极与电解液发生反应;随之正极和电解质都会发生分解,从而引发大规模的内短路,造成电解液燃烧,进而蔓延到其他电芯,造成严重的热失控,使整个电池组发生自燃。

(1)热积累阶段

由于内部短路、外部加热,或者电池自身在大电流充放电时自身发热,当电池内部温度升高到热失控临界温度(123.8～139.2 ℃)时,电池负极表面的 SEI 膜发生化学反应而熔解,产生 $O_2$、$C_2H_4$、$CO$、$H_2$ 等助燃可燃气体。在 SEI 膜溶解后,负极与电解液发生反应会生成 $C_2H_4$、$C_2H_6$ 等可燃气体,并使温度急剧升高,隔膜开始大量熔化,电解质大量分解,正负极直接连通,导致大规模短路的发生。

(2)热失控阶段

随着电池内部温度的升高,正负极材料都加入电化学反应的行列,同时生成大量的热量,并产生大量的气体。热量又给气体加热,膨胀的气体冲破电芯壳体,发生物质喷射之类的现象。在此阶段,四散的物质通过将热量向周围传播,让热失控蔓延,达到最激烈的状态,电池发生燃烧爆炸。待反应物全部燃尽后,热失控终止。

根据以上分析可知,锂电池发生的燃烧在前期主要为无氧燃烧,以窒息为主要灭火原理的灭火剂对扑灭锂电池火灾不能产生明显效果,但可有效迅速降低燃烧时的温度,阻止电池内部进一步发生化学反应,进而可达到抑制电池燃烧的目的。因此,针对锂电池应配备能使电池迅速降温的灭火系统,同时配备电池温度监测模块,实时监测电池温度是否接近或达到热失控临界温度。

## 3.锂电池的爆炸机理

在锂电池发生热失控后,在产热的同时产生有机蒸气、烷烃类、$O_2$、$H_2$ 和 $CO$ 等易燃易爆气体,导致电池内部气压增高;当超过安全阀压力时,电池安全阀打开,气体通过泄压口向电池外部喷射,此为初爆。

当电池放热温度较高时(研究表明热失控电池内部温度可达 1 000 ℃),喷射气体容易被点燃,经常出现射流火现象;电池内部温度持续升高,化学反应加剧,在短时间内电池内部温度和压力激增,向外喷射火星,伴随着较大的冲击力,此为燃爆。

当狭小空间存在多个电池时,单个电池发生热失控放热后,温度上升引起其他电池的热失控,其喷射的易燃易爆气体如多米诺骨牌一样叠加能量,往往会产生爆炸。

锂电池的爆炸机理如图 2-7 所示。

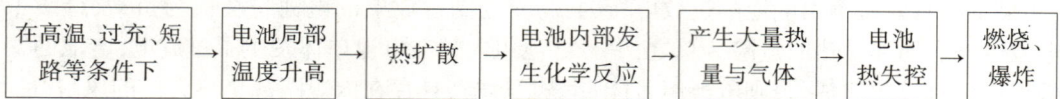

在高温、过充、短路等条件下 → 电池局部温度升高 → 热扩散 → 电池内部发生化学反应 → 产生大量热量与气体 → 电池热失控 → 燃烧、爆炸

**图 2-7 锂电池的爆炸机理**

锂电池发生热失控后的燃烧具有速度快、持续时间长、温度高、难以扑灭的特点。

根据美国消防协会(NFPA)的试验,动力锂电池发生热失控后,火势仅需数秒钟的时间就在电池模块内快速地蔓延,持续约 27 min。燃烧中锂电池外部最高温度可达 283～1 090 ℃,电池内部最高温度可达 572～1 121 ℃,足以引燃其他锂电池和可燃材料,产生更大的火灾。

大多数自动灭火系统是以水为主要灭火剂的。水虽然可以降低温度,但一旦停止喷淋,电池极易再次发生热失控。FM Global 保险公司发布的测试报告指出,使用水喷淋扑救电池火灾的效果极差,灭火足足持续了 20 min,远远超出 5 min 灭火的设计要求。干粉灭火剂及气体灭火剂的降温效果差,同样难以奏效。

我们应避免将锂电池置于高温环境、异常充电或负荷短路等条件下,以防止电池的热失控和可能的燃烧爆炸。

## (二)超级电容器燃烧特性分析

目前对超级电容器的燃烧特性研究较少。已公开发布的超级电容器火灾案例显示:过高的环境温度和使用超级电容器时过充可能引发超级电容器的爆炸和火灾。

### 1.高温火灾

超级电容器能够在较低的温度下正常运行,但当环境温度超过其最高使用温度 65 ℃ 时,电容器内部的电解液会受热流动。随着温度的上升,电解液会加速挥发损耗,释放出甲烷和其他烷烃等可燃气体。正负电极之间的近距离使得高温容易引发隔离板的破裂,导致超级电容器的内部短路和热量的积聚,一旦遇到高温或氧化剂,可能引发爆炸。

### 2.过充火灾

在规定的电压范围内,超级电容器可以正常工作。然而,对超级电容器进行充电时,如果充电电流过大或充电时间过长,超级电容器所积累的电荷量会超负荷,导致正负极板之间的电压差 $\Delta U$ 不断增大。一旦这个电压差超过超级电容器的承受范围,就会引发过充火灾。

超级电容器的发热量与充放电时的能量消耗量有关。超级电容器的能量与电池相比很低,例如,4 V、3 000 mA · h 的电池有 40 kJ 的能量,而 5.5 V、470 mF 的超级电容器只有 4~7 J 的能量($E = 1/2 \cdot CU^2$)。即使能量在一瞬间全部释放(短路时),温度升幅也小于 10 ℃。而且,温度上升是瞬间的,通过放热能够立即降下来。但是,如果高频次反复充放电,超级电容器的热量将会累积,温度将会持续上升。

如对超级电容器采用恒流充电,当电容器电压超过额定电压时,有机电解液会分解出烷类可燃气体,可能引发火灾事故。

## (三)锂电池和超级电容器燃烧特性对比

锂电池和超级电容器在燃烧特性上存在明显的差异。

燃烧速度:锂电池在燃烧时,火势会于数秒内在动力锂电池模块内快速蔓延,并且持续时间长;而超级电容器在电场的作用下,会在几十微秒内被击穿,发生电击穿后,超级电容器的电解质会分解产生气体,气体会冲破外壳,释放能量。

温度:锂电池发生热失控后,电池外部最高温度可达 800 ℃,电池内部温度可达 1 300 ℃;而超级电容器在 25 ℃ 环境温度下的工作寿命通常为 9 000 h,最高工作温度只有 65 ℃,一旦超过此温度,超级电容器就不能正常工作了。

有毒气体释放:锂电池在燃烧时会产生大量有毒气体,人体吸入后可能导致瞬间窒息中毒而亡;而超级电容器则不会产生有毒气体。

相比较而言:超级电容器具有更高的耐高温性,更安全;而锂电池在燃烧时会产生更大的热量和有毒气体,存在较大的安全隐患。

# 第三章

# 电池动力船舶机舱设备组成

## 一、电池动力船舶动力系统

船舶传统柴油机动力系统主要由发动机、传动装置(艉轴)、推进器(螺旋桨)构成。除传统柴油机动力系统外,在 20 世纪也逐渐开始采用电力推进技术。在 1970 年以前,主要采用直流电力推进系统,因为直流电机转速调整范围广,过载启动和制动转矩大,逆转运行特性好;而交流电动机尽管具有输出功率大、极限转速高、结构简单、成本低、体积小、运行可靠等特点,但由于当时的技术限制,调速困难,应用较少。随着现代控制理论和数字控制、直接转矩控制、矢量控制等电力电子技术的发展,交流调速系统的性能已经可以与直流调速系统相媲美,交流电力推进系统的应用已经成为船舶电力推进发展的主流,呈现出蓬勃发展的态势。对于水面船只,交流电力推进占主导地位,所选用的交流电动机包括交流异步电动机、交流同步电动机、永磁同步电动机等;对于潜艇,直流电力推进仍占主导地位。

目前,船舶采用的电力推进系统形式多种多样,但归纳起来基本可分为以下五类:

### (一)可控硅整流器+直流电动机

推进系统采用原动机-直流发电机-直流电动机的形式,通过调节发电机励磁电流的大小和方向,调节电动机的转速及转向。

这种推进方式的优点是:

(1)控制角 $\alpha$ 的控制范围,理论上是 0°~180°,实际上一般在 15°~150°,这是考虑到电网的压降,确保电动机可控,控制角 $\alpha$ 需留有换流边界;

(2)启动电流及启动转矩接近于 0;

(3)扭矩波动平滑;

(4)功率及转矩的动态响应一般小于 100 ms。

缺点是:

(1)转矩控制不够精确,若要得到精确平滑的转矩控制,必须增大电枢感应系数,但会引起系统动态性能减弱,功率因数减小,增加系统损耗;

(2)直流电动机驱动需要的换向器是一个易发生故障的部件;

(3)会对船舶电网产生较大的谐波污染,因为采用了大功率电力电子器件。

直流电动机固有的结构复杂、成本高、体积大、维护困难、效率低等缺点,阻碍了它在船舶电力推进领域的广泛应用。

## （二）可调螺距螺旋桨+交流异步电动机

可调螺距螺旋桨+交流异步电动机模式，又称为 DOL（Direct-Online）模式，多采用鼠笼式感应电动机驱动变距桨实现，通过改变螺旋桨的螺距来控制船速。为了提高可操纵性，也可用极数转换开关实现电动机的转速控制。

这种推进方式的优点是：

（1）几乎没有影响电网的谐波，因为没有采用大功率电力电子器件；

（2）电动机转矩稳定，没有脉动；

（3）在设计点运行时效率很高。

但也有很多缺点，例如：

（1）交流异步感应电动机启动瞬间电流较大，通常是正常电流的 5~7 倍，系统电网压降大；

（2）启动瞬间机械轴承受的转矩大，约为额定转矩的 2~3 倍；

（3）在极低航速下，螺距近似为 0 时，仍要消耗额定功率的 15%，电流约为正常值的 45%~55%；

（4）功率因数小，满负荷时也只能达到 0.85；

（5）由于采用液压机构完成螺距的变换，其功率及转矩的动态响应慢，一般需 3~5 s 才能完成；

（6）反转慢，制动距离长；

（7）变距桨的液压控制系统十分复杂，并工作在水下，故障维修时需进坞；

（8）变距桨结构复杂，可靠性差，价格高。

## （三）电流型变频器+交流同步电动机（CSI+Synchronous motor）

### 1.电流型变频器（Current Source Inverter，CSI）

电流型变频器由整流器、滤波器、逆变器三部分组成。其工作原理是整流电路将自电网来的交流电转换成直流电，再经三相桥式逆变电路转变为频率可调的交流电，供给推进电机。

### 2.SYNCHRO 电力推进

交流电通过三相桥式全控整流电路以及平波电抗器，再经过逆变器转换后向交流同步电动机供电，此种推进方式通常被称为 SYNCHRO 电力推进。SYNCHRO 变流装置的输出频率，受同步电动机转子所处角度控制：每当电动机转过一对磁极，变流装置的交流电输出相应地交变一个周期，保证变频器的输出频率和电动机的转速始终保持同步，不会出现失步和振荡。系统功率因数根据电动机转速，在额定转速时的 0.9 和低速时的 0 之间变化。SYNCHRO 电力推进系统主要有 6 脉波、12 脉波、24 脉波三种结构形式，谐波成分比较固定，比较容易消除。对于 12 脉波 SYNCHRO 电力推进系统，如果在电网侧并联有两组 LC 无源滤波器，对 11 次、13 次谐波进行补偿，则对电网产生影响的最低谐波分量就是 23 次谐波，此时的电网质量可以满足船级社的规定，故 12 脉波的 SYNCHRO 电力推进系统应用较多。

SYNCHRO 电力推进系统的优点是：

（1）启动电流接近于 0，启动转矩最高可达额定转矩的 50%；

（2）价格上有一定的优势；

（3）控制方便，操作灵活；

（4）能匹配特大功率电动机，目前已达 40~60 MW。

而其缺点是：

（1）低速运行时，电流型变频器将电流控制在零附近脉动，转矩输出也存在脉动，给轴系带来振动；

（2）时间常数较大（由于直流电同感性负载相连），所以系统动态响应较差；

（3）电流型逆变电路中的直流输入电感数值很大才能够构成一个电流源，使直流回路电流恒定，所以电感重量、体积都很大，使得电流型逆变器的使用受到一定限制。

## （四）交-交变频器+交流同步电动机

CYCLO 变频器，英文为 Cycloconverter，中文译作交-交变频器或循环变频器。该变频器广泛应用于大功率、低速范围内的交流调速，其调速上限不超过基频的 40%。交-交变频器+交流同步电动机（Cycloconverter+Synchronous motor）驱动方式，采用 CYCLO 变频器，通过控制一个可控的桥式反并联晶闸管，选择交流电源的不同相位区间向交流同步电动机提供交流电。

双绕组电动机，就是电动机定子装有 2 套同功率但空间相位差 30° 的绕组，分别由一套 6 脉波三相输出交-交变频装置供电。变频装置输出的每一相都是一个两组晶闸管整流装置反并联的可逆线路：一组晶闸管整流电路提供正向输出电流；另一组提供反向输出电流。构成这种交-交变频装置的三相桥式电路，在一个输出周期中三相电流有 6 次过零，带来 6 次转矩波动，所以这种交-交变频装置被称为 6 脉波交-交变频装置，是最基本的类型，应用广泛。与 6 脉波变频装置相比，12 脉波变频装置具有系统响应速度快、谐波含量小、损耗低、转矩脉动低等优点。其缺点是所需电子元件数量大，6 脉冲电路需要 36 个晶闸管，而 12 脉冲电路需要 72 个晶闸管，因而增加了成本。

采用交-交变频推进的特点是：

（1）启动平稳，启动电流（转矩）可从 0 起逐渐加大；

（2）转矩脉动平滑；

（3）功率及转矩的动态响应快，一般小于 100 ms；

（4）电力系统内谐波高低取决于电机速度；

（5）系统功率因数由电机电压决定，通常可达 0.76；

（6）满负荷时效率高；

（7）变频器输出频率低，可以不需要齿轮减速而直接驱动螺旋桨。

## （五）电压型变频器+交流异步电动机

电压型变频器（Voltage Source Inverter，VSI）与电流型变频器同属于交-直-交变频器，也由整流器、滤波器、逆变器三部分组成。工作原理也是整流电路将自电网来的交流电转换成直流电，再经三相桥式逆变电路转变为频率可调的交流电，供给推进电机。电压型变频器的中间环节采用大电容，对电动机来讲，基本上是一个电压源。随着电力电子器件的发展，电压型变频器发展成新型的脉宽调制型（PWM），整流器由二极管组成，逆变器由绝缘栅双极晶体管（IGBT）组成。IGBT 是一种新发展起来的复合型电力电子器件，具有工作速度快、输入阻抗高、热稳定性好、载流能力强等特点。目前绝大多数产品为此类型，并有低压及中压规格。

这种驱动方式采用二极管将交流电整流后，再通过 PWM 变频直流电斩波后向电动机提供电压和频率均可调节的交流电。采用二极管整流器，可保持电力系统能在任何电动机转速下功率因数接近于 0.95。相比于 CSI 和 CYCLO 驱动,PWM 驱动的系统谐波含量最小,用三芯变压器为变频器提供 12 半周的电源还可进一步减小谐波含量。PWM 电压型变频器中,西门子采用 IGBT 器件进行矢量控制,ABB 采用 IGCT(集成门极换流晶闸管)器件进行直接转矩控制。从控制原理来说,两者都是用数字技术,通过计算机将电动机电流分解成转矩分量和磁通分量分别进行控制,以达到类似于直流电动机的动态特性。通过 PWM 型变频器控制后:

(1)系统电源输出的频率范围较宽;

(2)功率及转矩的动态响应快(小于 10 ms);

(3)与高速鼠笼式感应式电动机(900~1 200 r/min)匹配,在任何速度下都能保持转矩平滑输出;

(4)若采用矢量控制器,在零速度时仍能保持转矩稳定输出;

(5)启动平稳,启动电流(转矩)可从 0 起逐渐加大;

(6)在任何负载状况下均有很大的功率因数(约为 0.95);

(7)低速时功率损耗小;

(8)推进效率高。

电池动力系统与电力推进系统的动力系统类似,不同点在于电池动力系统的推进动能来源于蓄电池,因而,其原始电制为直流电,而电力推进系统一般采用的是中高压交流电。

下面以我国首艘正式商业运营的纯电动内河集装箱船——“江远百合”号的电池动力系统为例,做简单的介绍。

## 二、“江远百合”号电池动力系统

“江远百合”号电池动力系统为 S-Renewable 系统,该系统采用码头岸基换电方式,整个系统接入 3 个锂电池集装箱,每个锂电池集装箱配备 2 组电池,每组容量为 770 kW·h,整船锂电池容量共计 4 620 kW·h,经过集中式的直流母排变频控制配电系统在直流母排上进行并网,驱动 2 台 330 kW 的主推进电机和 1 台 90 kW 的侧推电机。同时,直流母排变频控制配电系统还提供 2 个 63 kVA 的日用电源,为船舶日用负载提供高品质的日用交流电源。

S-Renewable 系统包括各个设备控制的变频器、功率管理器(PMS)、推进控制器(PCS)、直流母排及直流开关、熔断器等器件。该系统用于锂电池组的控制和状态监测、推进电机的控制和状态监测、日用电源输出的控制以及故障和报警记录等。

对于经过逆变器逆变后的船舶电网,其变频部分和电机部分可以借鉴传统电力推进系统。400 V 动力电网及 250 V 照明电网仍采用变压器,进行隔离变压后,供给各用电部位。

根据船舶电网容量的大小,直流母排冷却可以采用风冷或水冷。直流母排的风冷和水冷是两种不同的冷却方式,它们各有优缺点,适用于不同的场合。

风冷是指通过空气流动来带走直流母排产生的热量,通常通过在直流母排上方或侧面安装风扇来实现。风冷方式的优点是结构简单、维护方便、成本低,适用于环境温度不高、电流较小、直流母排长度较短的场合。但是,风冷方式也有一些缺点,如冷却效果受环境温度的影响较大,冷却不均匀,可能存在局部过热等问题。

水冷是指通过水或其他冷却液流动来带走直流母排产生的热量,通常通过在直流母排下方或侧面连接水管来实现。水冷方式的优点是冷却效果好、冷却均匀、能够适应大电流和高电压的应用场景,同时水冷的热容量大,能够更好地控制温度。但是,水冷方式也有一些缺点,如结构复杂、维护难度较大、成本较高,同时需要考虑水管连接和密封等问题。

在选择直流母排的冷却方式时,需要根据实际应用场景来考虑。如果电流较小、环境温度不高,可以选择风冷方式;如果电流较大、环境温度较高或需要更好的温度控制,可以选择水冷方式。同时,也需要考虑设备的结构、维护、成本等因素。

如果采用中高压系统,可能需要用去离子水来进行冷却,目前内河纯电动船舶暂未采用中高压系统。

配电系统的冷却系统单一故障不应引起全船失电,但可能会根据电池仓内或者直流母排内的温度,采取分级卸载,降低负荷运行。

## 三、电池动力船舶机舱各设备的功用

以"江远百合"号为例,与柴油机船舶类似,电池动力船舶仍配有舵机、锚机、绞缆机、变压器、各类水泵和油泵等。但不同的是:纯电动船舶装有柴油动力船舶所不具备的直流母排、逆变器以及变频器等。

直流母排实际上充当了发电机和主配电网。在纯电动船舶中,直流母排的作用主要是为船舶提供稳定的直流电源,以满足船舶上各种电气设备的用电需求。直流母排通常与船舶的电池组连接,将电池组的电能输送到全船各用电设备。

具体来说,直流母排的作用包括以下几个方面:

配电作用:直流母排作为全船配电系统的一部分,能够将电池组的电能分配给各用电设备,满足船舶上各种电气设备的用电需求。

稳定电压作用:直流母排具有稳定电压的作用,能够确保全船各用电设备的电压稳定,避免电压波动对设备造成损坏或影响设备的正常运行。

保护作用:直流母排具有对全船各用电设备的保护作用,包括过载保护、短路保护、欠压保护等。当用电设备出现过载、短路或欠压等故障时,直流母排能够自动切断电源,保护用电设备和船舶的安全。

监控作用:直流母排还具有对全船各用电设备的监控作用,能够实时监测各用电设备的用电情况、运行状态等,为船舶管理人员提供管理依据,确保船舶的正常运行和安全。

逆变器是一种将直流电转换为交流电的设备,广泛应用于各类需要电力支持的场所。在纯电动船舶中,逆变器的主要功能在于将直流电能转换为交流电能,以满足船舶上各种交流电气设备的需求。

具体来说,逆变器可以将由普通电池或燃料电池等直流电源提供的电能转换为交流电,供给船舶上的照明设备、导航设备、推进器等交流电气设备使用。逆变器还可以通过调整电压和频率,使得交流电能在船舶系统中得以高效、稳定地传递和利用。

逆变器的种类繁多,在纯电动船舶中通常采用高效率的逆变器,如 PWM 逆变器等。同时,为了保证船舶的安全和可靠性,逆变器还需要具备过载保护、短路保护等功能。

逆变器在纯电动船舶中扮演着重要的角色,是实现船舶电力推进的关键设备之一。

电推船舶中的变频器的主要作用是控制电机(主推进电机)的运转速度,实现电机的变速运行。具体来说,变频器可以减少对电网的冲击,使加速过程可控,使电机和设备的停止方式可控,使整个设备和系统更加安全;同时减小电机的电流,提供更可靠的可变电压和频率,优化工艺过程,实现速度变化等。

此外,变频器还可以减少机械传动部件的磨损,降低推进电机的电流,提高系统的稳定性,增大电网的有功功率等。总之,变频器在电推船舶中扮演着重要的角色,能够提高推进效率、降低维护成本、提高运行稳定性等。

对于电动船舶,电机冷却是至关重要的,它不仅通过降低电机的工作温度来防止电机过热,还提高了电机的效率和性能,减少了电机的能耗和磨损。此外,冷却电机还可以保证船舶的安全和可靠性。

纯电动船舶的应急电站可根据船舶自身情况,选择柴油机或者额外的蓄电池组。

## 四、集装箱式移动电源

### (一)集装箱式移动电源的结构及其一次回路

"江远百合"号的集装箱式移动电源单箱电量为 1 540 kW·h,采用 20 ft 高箱,由电池系统、防火结构(六面"A-60"级)、消防系统、通风系统、隔振系统及控制系统等组成,如图 3-1 所示。集装箱式移动电源系统规格参数如表 3-1 所示。

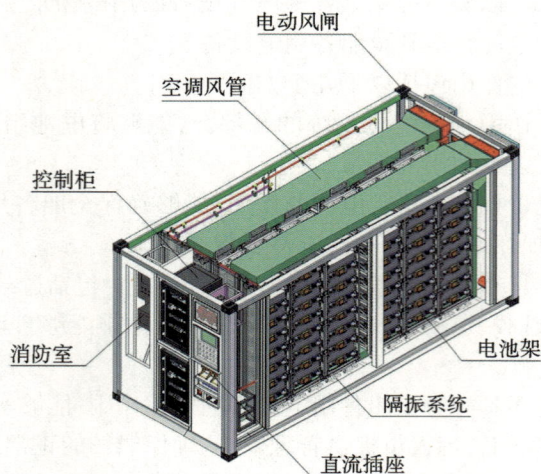

图 3-1　集装箱式移动电源的结构

表 3-1　集装箱式移动电源系统规格参数

| 名称 | 规格 | 数量 |
|---|---|---|
| 电池系统 | 标称电量:1 540 kW·h<br>标称电压:637.56 V | 1 套 |
| 插拔系统 | 高压插座电流:250 A×4 芯<br>控制电源插座电流:90 A×4 芯<br>信号插座电流:3 A×14 芯 | 1 套 |
| 热管理系统 | 制冷量:9.3 kW<br>制热量:3 kW<br>带除湿功能 | 2 套 |

该船电力推进系统有 3×20 ft 高箱的集装箱式移动电源模组,总容量为 3×1 540 kW·h,续航里程为 220 km。集装箱式移动电源采用换电模式,单次换电作业时间约为 20 min。该船满载最大航行速度约为 17 km/h,推进功率为 2×330 kW;巡航速度约为 10 km/h,推进功率为 2×70 kW,日用电功率约为 21.6 kW。

电力推进系统共接入 3 个锂电池集装箱,每个锂电池集装箱配备 2 组电池,每组容量为 770 kW·h,整船锂电池容量共计 4 620 kW·h。该系统经过集中式的直流母排变频控制配电系统在直流母排上进行并网,驱动 2 台 330 kW 的主推进电机和 1 个 90 kW 的侧推电机。同时,直流母排变频控制配电系统将提供 2 个 63 kVA 的隔离变压器(如图 3-2 所示),为船舶日用负载提供高品质的日用交流电源。该隔离变压器的输入电压为 400 V;输出电压也为 400 V;联结组别为 D,y11;额定频率为 50 Hz;额定容量为 63 kVA;额定输出电流为 90.9 A;工作环境温度为 −20~45 ℃;最大允许温升为 95 K。

图 3-2 隔离变压器

当全船电动机无法正常启动,但直流母排仍有电时,可考虑可能是由于隔离变压器或对应的直流配电板日用逆变器发生故障;或可能是由于电网瞬间过载,导致空气开关(简称空开)自动跳闸,需按下相应日用电源空开旁边的黑色复位按钮,待复位后,再进行合闸操作,即可恢复电网供电。如果将黑色复位按钮复位并将日用电网空开合闸后,船舶各类电动机及照明灯仍无法正常运行,则应进行以下检查,来确定具体故障部位并排除故障。

判断具体故障部件时,可打开主配电板(如图 3-3 所示)的门,对日用电源空开进行相应电压测量:将万用表打到交流 750 V 电压挡,如该空开上端三相皆为 400 V,下端也有 400 V 电压,则可断定是变压器故障,将故障的隔离变压器空开脱闸,并将另外一台隔离变压器合闸,即可恢复船舶日用电的正常供给;如变压器上端无 400 V 电压输出,则可断定是直流配电板上的直流电压逆变器故障;如空开处于合闸状态,测量结果为上端有电、下端无电,则可断定是该空开故障,也可将逆变器的进电断开,对该空开的上下端进行通断测量,如在合闸状态下,上下电阻较大,也可断定是空开故障。

## (二)锂电池集装箱换电操作流程

### 1.移除集装箱前,下电操作流程

(1)确认直流配电板上电池柜 B1/B2 的 6 个"唤醒"按钮全部按出。

(2)在船尾充放电板间,将集装箱的 6 个 24 V 开关断开,如表 3-2 所示。

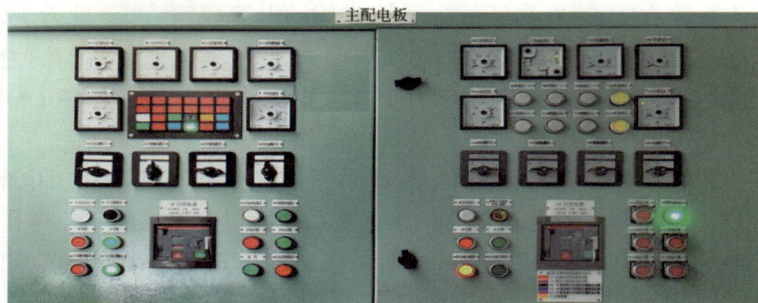

图 3-3　主配电板

表 3-2　6 个 24 V 开关

| 1 | 1#集装箱电池系统（A） | 4 | 2#集装箱电池系统（B） |
|---|---|---|---|
| 2 | 1#集装箱电池系统（B） | 5 | 3#集装箱电池系统（A） |
| 3 | 2#集装箱电池系统（A） | 6 | 3#集装箱电池系统（B） |

（3）将充放电板间的集装箱电池系统分电箱的 6 个 220 V 开关断开，如表 3-3 所示。

表 3-3　6 个 220 V 开关

| 1 | 1#集装箱电池系统（A） | 4 | 2#集装箱电池系统（B） |
|---|---|---|---|
| 2 | 1#集装箱电池系统（B） | 5 | 3#集装箱电池系统（A） |
| 3 | 2#集装箱电池系统（A） | 6 | 3#集装箱电池系统（B） |

（4）拔下集装箱的插头，并妥善保存。

（5）拆除黄绿接地线。

**2.固定集装箱后，上电操作流程**

（1）将集装箱的插头全部按标记插入对应位置，严禁混插，如图 3-4 所示。插拔件的参数如表 3-4 所示。

（a）总图

（b）低压图

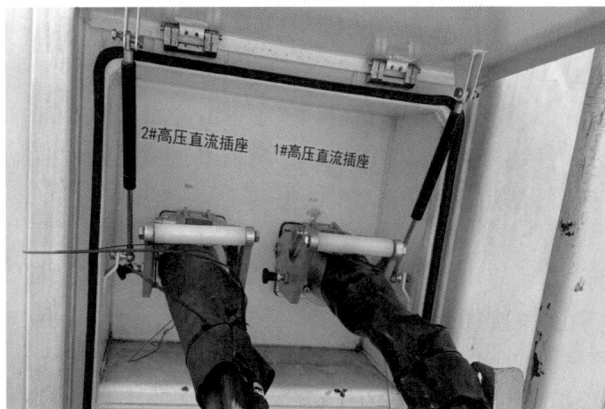

（c）高压图

注：每个插座都有机械防插错装置，插之前请注意红色标记应朝上。

**图 3-4　集装箱插座插接示意图**

**表 3-4　插拔件的参数**

| 高压插拔件参数 | |
|---|---|
| 额定直流电压 | DC 1 000 V |
| 芯数 | 4 |
| 每芯额定电流 | 250 A |
| 电缆截面积 | ≤120 mm² |
| 控制电源插拔件参数 | |
| 工作温度 | −55~125 ℃ |
| 芯数 | 4 |
| 工作电流 | 90 A |
| 电缆截面积 | ≤16 mm² |
| 机械寿命 | ≥5 000 次 |

（续表）

| 信号插拔件参数 | |
|---|---|
| 工作温度 | $-55 \sim 125$ ℃ |
| 芯数 | 4 |
| 工作电流 | 3 A |
| 电缆截面积 | $\leq 0.5 \ mm^2$ |
| 插拔次数 | $\geq 5 \ 000$ 次 |

（2）主电源插座插合时,应先打开插头的封盖和插座的盖子,将插头对应插入插座;向下推插座侧边推板,使插头安全插入插座,并压紧;按下锁芯,锁紧插头,拔出钥匙,拧好锁盖。分离时,拧开锁盖,用钥匙打开锁芯,松开插头,向上推插座手柄驱动侧边推板使插头和插座分离。

（3）控制插座插合时,取下保护装置,将插头对应插入插座。插合后右旋拧紧到位后会有"咔哒"一声,证明已安装到位。如果接口虚接,在大负载运转时,可能会导致接口处过热,引发不必要的麻烦。分离时,左旋拧松后拔出。

外部接口由高压插拔件、控制电源插拔件、信号插拔件组成。高压插座用来给电池系统放电与充电。控制电源插拔件用来接通 220 V 交流控制电源和 24 V 直流控制电源。信号插拔件用来通信、急停消防报警、消防控制和 SOC 低报警。

应注意：

（1）当插拔次数超过设计使用次数时,应对插拔件进行安全评估。

（2）平时不用插水消防快接插头。

（3）黄绿接地线应接到对应位置[见图 3-4(a)中右下角黄绿线]。

（4）在充放电板间,将集装箱的 6 个 24 V 开关闭合。

（5）将船尾充放电板间的集装箱电池系统分电箱里的 6 个 220 V 开关闭合。

## 3. 整船上电流程

（1）启动电池组

①在船尾充放电板间,确认充放电板开关(见表 3-5)处于闭合状态。

表 3-5　充放电板开关

| 1 | 1#集装箱电池系统（A） | 7 | 直流配电板（控制电源） |
|---|---|---|---|
| 2 | 1#集装箱电池系统（B） | 8 | 侧推系统控制电源 |
| 3 | 2#集装箱电池系统（A） | 9 | 1#主推进遥控系统 |
| 4 | 2#集装箱电池系统（B） | 10 | 2#主推进遥控系统 |
| 5 | 3#集装箱电池系统（A） | | |
| 6 | 3#集装箱电池系统（B） | | |

②在船尾充放电板间,确认集装箱电池系统分电箱的 6 个 220 V 开关闭合。

③确认机舱交流配电板开关(见表 3-6)处于闭合状态。

表 3-6　交流配电板开关

| 1 | Q111 直流配电板 |
|---|---|
| 2 | Q212 直流配电板 |
| 3 | Q210 左舷主推进机旁控制箱（遥控电源） |
| 4 | Q211 右舷主推进机旁控制箱（遥控电源） |

④确认机舱直流柜−电池柜的 6 个"唤醒"按钮全部按入。

⑤确认甲板上集装箱的唤醒按钮全部按入。

⑥确认直流柜−控制柜的"本地/遥控"旋钮在"本地"位置。

⑦确认交流配电板上的"本地/遥控"旋钮在"遥控"位置。

⑧在直流柜−电池柜 B1/B2 处，从"B1−1#电池启动""B1−2#电池启动""B2−1#电池启动"三个按钮中选择一个按下，并从"B2−2#电池启动""B3−1#电池启动""B3−2#电池启动"三个按钮中选择一个按下，完成左右舷各启动一组电池。

⑨将直流柜−控制柜的"本地/遥控"旋钮置于"遥控"位置，以便之后在驾驶台切换电池组。

⑩断开岸电断路器。

⑪确认系统自动启动日用电源，电池系统开始为船舶供电。

### 4.切换电池流程

（1）在驾驶室按下"左舷电池停止"按钮（待一舷电池切换完毕后，才可按另一舷电池停止按钮，始终要确保一舷电池在网，否则会导致失电）。

（2）待电池停止几秒后，在驾驶室按下"B1−1#电池启动""B1−2#电池启动""B2−1#电池启动"三个按钮中的任一按钮，启动对应的电池组。

（3）待左舷电池启动完成后，再按下"右舷电池停止"按钮。

（4）待电池停止几秒后，在驾驶室按下"B2−2#电池启动""B3−1#电池启动""B3−2#电池启动"三个按钮中的任一按钮，启动对应的电池组。

### 5.整船下电流程

（1）停止主推进系统

①将主推进手柄置于 0 位。

②分别按下驾驶台左右推进控制面板上的"电机停机"按钮，停止主推进电机的运行。确认左右推进控制面板上的"电机停止"红灯常亮，电机停机。

③分别按下驾驶台左右推进控制面板上的"油泵停止"按钮，停止油泵的运行。

④在机舱停止电机冷却水泵和机舱风机。

（2）停止锂电池组

①在机舱交流配电板上将控制方式切换到"本地"。

②在日用交流配电板上按下"1/2 号分闸"按钮。

③待分闸后再按下"1/2 号日用柜分闸请求"按钮，完成日用电源的停机。

④此时可闭合岸电断路器，完成船电转岸电供电。

⑤在直流柜−控制柜处，将"本地/遥控"旋钮旋至"本地"位置。在直流柜−电池柜 B1/B2 处，分别按下"左/右舷电池停止"按钮。

⑥在直流柜−电池柜 B1/B2 处，把 6 个"唤醒"按钮按出。

## （三）集装箱式移动电源控制面板

集装箱式移动电源控制面板如图 3-5 所示，其功能如表 3-7 所示。

PC301

| 2#电池蜂鸣报警 | 2#电池综合报警 | 2#电池SOC报警 | 1#电池蜂鸣报警 | 1#电池综合报警 | 1#电池SOC报警 |
| Q214 | Q211 | Q212 | Q114 | Q111 | Q112 |

| 2#电池高温报警 | 2#电池室照明 | 2#电池唤醒 | 1#电池高温报警 | 1#电池室照明 | 1#电池唤醒 |
| Q213 | Q201 | Q202 | Q113 | Q101 | Q102 |

| 2#电池急停 | 风机空调照明紧急切断 | 备用 | 1#电池急停 | 控制室消防室照明 | 备用 |
| Q203 | Q301 | Q205 | Q103 | Q104 | Q105 |

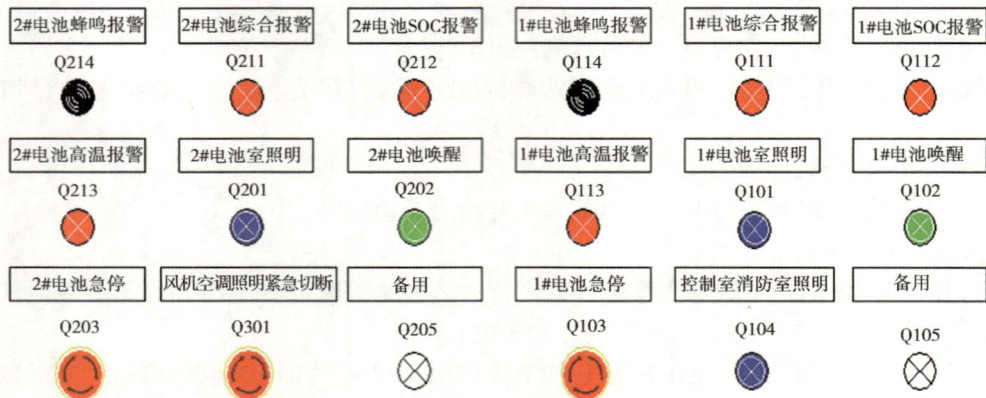

图 3-5　集装箱式移动电源控制面板

表 3-7　集装箱式移动电源控制面板的功能

| 功能描述 | 颜色 | 备注 |
| --- | --- | --- |
| 触摸屏 | — | — |
| 1#蜂鸣报警 | 黑 | 蜂鸣器 |
| 1#综合报警 | 红 | 指示灯 |
| 1#低 SOC 报警 | 红 | 指示灯 |
| 1#高温报警 | 红 | 指示灯 |
| 1#电池室照明 | 蓝 | 自锁带灯按钮 |
| 1#休眠开关 | 红 | 自锁带灯按钮 |
| 1#急停 | 红 | 自锁按钮 |
| 控制室照明 | 蓝 | 自锁带灯按钮 |
| 2#蜂鸣报警 | 黑 | 蜂鸣器 |
| 2#综合报警 | 红 | 指示灯 |
| 2#低 SOC 报警 | 红 | 指示灯 |
| 2#高温报警 | 红 | 指示灯 |
| 2#电池室照明 | 蓝 | 自锁带灯按钮 |
| 2#休眠开关 | 红 | 自锁带灯按钮 |
| 2#急停 | 红 | 自锁按钮 |
| 风机空调紧急切断 | 红 | 自锁按钮 |

具体说明如下：

（1）触摸屏：显示电池系统的电压、电流、温度、空调状态等信息。

（2）1#蜂鸣报警：当1#电池子系统故障时，用声音报警。

（3）1#综合报警：当1#电池子系统故障时，用颜色报警。

（4）1#低SOC报警：当1#电池子系统SOC低于20%时，报警提示。

（5）1#高温报警：当1#电池子系统温度高于65℃时，报警提示。

（6）1#电池室照明：控制1#电池室照明，并反馈照明状态。

（7）1#休眠开关：1#电池子系统BMS电源供电按钮，在更新程序时使用，平时要处于常闭状态。

（8）1#急停：在紧急情况下，断开1#电池子系统的高压连接。

（9）控制室照明：控制控制室照明，并反馈照明状态。

（10）2#蜂鸣报警：当2#电池子系统故障时，用声音报警。

（11）2#综合报警：当2#电池子系统故障时，用颜色报警。

（12）2#低SOC报警：当2#电池子系统SOC低于20%时，报警提示。

（13）2#高温报警：当2#电池子系统温度高于65℃时，报警提示。

（14）2#电池室照明：控制2#电池室照明，并反馈照明状态。

（15）2#休眠开关：2#电池子系统BMS电源供电按钮，在更新程序时使用，平时要处于常闭状态。

（16）2#急停：在紧急情况下，断开2#电池子系统的高压连接。

（17）风机空调紧急切断：在紧急情况下，断开风闸、应急排风机、电池舱风机、照明、1#空调、2#空调的电源，以及电池下高压。

## （四）电池测试

为保证集装箱式移动电源的安全性和可靠性，需对其进行过充/过放、短路、挤压、针刺、热失控等试验，并且验证其在湿热、烟雾、振动等工况下运行的可靠性。

在对集装箱式移动电源的日常巡视中，需对其进行"望、闻、切"等工作。

望：箱体的高低压接线无明显破损，箱体完好，无变形、无腐蚀、外观整洁等。

闻：电箱周围无刺激性及烧焦等异味。

切：高低压接线紧固，箱体无漏液，箱体与船体之间的连接件牢固。

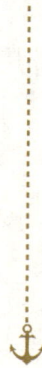

# 第四章

# 采取措施预防船舶电池造成污染

## 一、船舶电池的污染危害

锂电池因不含铅、镉、汞等重金属而被称为绿色电池,但是锂电池含钴、镍、锰等多种有价金属,另外锂电池中包含多种有毒有害物质,具有很强的腐蚀性和污染性。锂电池的外壳通常由铝塑膜壳、不锈钢或镀镍钢壳制成,正极由起黏结作用的聚偏氟乙烯(PVDF)将磷酸铁锂、钴酸锂等粉末均匀涂覆于铝箔集流体表面,负极则由无定形碳(石墨)涂覆于铜箔集流体表面。有机电解液一般采用六氟磷酸锂($LiPF_6$)溶于有机溶剂制备而成。而隔膜则常采用聚烯微孔膜 PP、PE(对锂离子具有选择透过性)等。以三元锂电池(NCM)为例,其含有的金属离子主要是 $Li^+$(单价锂)、$Ni^{2+}$(二价镍)、$Ni^{3+}$(三价镍)、$Ni^{4+}$(四价镍)、$Co^{2+}$(二价钴)、$Co^{3+}$(三价钴)、$Mn^{4+}$(四价锰)等。因此,废旧锂电池电解液中含有毒性极强、易燃易爆、腐蚀性强的电解质和有机溶剂等。电解质主要包括能与水或与酸发生反应的 $PF_6$、$BF_4$、$LiClO_4$、$LiAsF_6$ 等物质,生成 HF、$PF_5$ 等有毒气体或其他有毒物质,产生氟污染和砷污染;电解质溶剂主要是有机酯溶剂碳酸丙烯酯(PC)、二乙基碳酸酯(DEC)和醋酸乙酯(EA)等,其易挥发,能与水、空气、强氧化剂反应生成含氧有机污染物以及有害气体。如果随意丢弃或外泄,将对大气、水体、土壤造成污染和破坏。而且电解液泄漏及温度过高等会造成电池爆炸和火灾等危险,直接威胁人们的生命和财产。在废旧锂电池破碎分选、高温热解预处理过程中会产生一系列的污染物,如电解液分解产物、塑料薄膜热解产物、破碎粉尘、废渣等。这些污染物不仅对大气、水体造成严重污染,而且对设备有严重的腐蚀性,同时工艺过程中需要添加的各种酸碱浸提剂、萃取剂、活性添加剂等会增加回收工艺的成本,造成资源浪费和能耗增加,而且大量的废水、废液、废气、废渣、废添加剂等还会导致二次污染。

锂电池在以下情况下可能会产生危害,包括:

短路:当电池的两极之间发生短路时,会导致大量的电流瞬间流过电池内部,从而产生大量的热量和气体,这会引起电池的发热、漏液,甚至发生爆炸等严重后果。

过充/过放:如果电池在充电时被过度充电,或者在使用时被过度放电,可能会对电池内部结构造成不可逆的损伤,导致电池漏液、爆炸等。

高温:锂电池的正常工作温度通常为 0~60 ℃,如果在高于或低于此温度范围内使用电池,将会增加电池的自燃或爆炸风险。因为在高温环境下,电池内部的化学反应会变得更加活跃,这可能会导致电池内部的温度和压力升高,从而增加自燃或爆炸的风险。

暴露于火源或高温环境：如果锂电池遭受明火或高温环境的侵袭，其电解液可能会膨胀并产生大量的热量和气体，将会进一步引发电池爆炸。这种爆炸可能会对周围的人和环境造成严重的伤害。

放置时间过长：如果锂电池长时间未被使用，可能会导致电池内部的电压过低。这不仅会影响电池的使用寿命，还可能会导致电池损坏或爆炸。因此，对于长时间不使用的锂电池，应该定期进行充电和维护。

有害物质：在锂电池的制造过程中，可能会使用一些有害的化学物质，如有机溶剂、重金属等。这些物质可能会对环境和人体健康造成一定的影响。因此，对于废弃的锂电池，应该进行正确的回收和处理，以避免对环境和人体健康造成不良影响。

在使用锂电池时，需要注意安全问题。尽量避免将电池放置在高温、潮湿等环境中，并按照说明书正确使用和充电。如果发现电池有异常情况，应立即停止使用并联系相关机构（送岸）处理。

## 二、船舶电池的可持续利用和回收

### （一）船舶电池的可持续利用

延长锂电池的使用寿命可以采取以下措施：

（1）正确使用和充电：遵循电池说明书中的使用和充电指南，确保电池在使用时不会过度放电，在充电时不会过度充电，避免对电池造成损害。

（2）定期维护：定期检查电池的状况，包括电池的电压、温度和外观等，及时发现并处理电池存在的问题。

（3）避免高温环境：尽量避免将电池放置在高温环境中，因为高温会加速电池的老化和损坏。

（4）避免极端的充放电：避免电池过度充电和过度放电，因为这会损坏电池的内部结构，缩短电池的使用寿命。

（5）储存和运输：在储存和运输锂电池时，应遵循安全规定，避免电池受到机械损伤或短路。

（6）选择合适的充电器：选择与电池匹配的充电器，避免使用不合适的充电器对电池造成损坏。

（7）保持电池干燥：如果电池长时间暴露在潮湿的环境中，可能会引起电池腐蚀和损坏，因此要保持电池干燥。

（8）避免接触有害物质：在使用锂电池时，应避免接触有害物质，如有机溶剂、重金属等，以防止对电池造成损坏。

总之，正确使用、定期维护、避免高温环境、避免过度的充放电、遵循储存和运输注意事项等都是延长锂电池使用寿命的重要措施。通过采取这些措施，可以有效地保护锂电池，延长其使用寿命。

宁德时代相关资料显示，磷酸铁锂电池的工作环境温度最好为−30～55 ℃。"江远百合"号主要航行在苏南运河，该区域气温不会过于极端，但在夏秋季节，苏州室外地表温度仍可能超过 50 ℃甚至 60 ℃，加上锂电池在大负载放电过程中会产生部分热量，因此存在燃烧或爆炸的风险。

为了保障锂电池的安全运行,该船集装箱式移动电源设有功率为 9.3 kW 的空调用以降温散热。该空调同时具有除湿以及 3 kW 加热等功能。

在集装箱式移动电源正常工作的过程当中,需确保其空调侧为开敞甲板,以方便散热和排气。

在通常情况下,建议在集装箱式电源正常工作时,将空调开启,将温度设定在 25±2 ℃ 左右。由于该空调同时具有制热功能,开启空调时,一定要注意,使用的应是制冷功能,而非制热功能,当然如在东北冬季使用,则需考虑使用制热功能。

在日常巡视过程中,应注意空调的高压、低压以及压缩机和风机运转时的声音。如发现异常,建议在船舶靠岸后,对空调进行相应的检修:如低压偏低,则原因一般为制冷剂不足或膨胀阀堵塞;如高压偏高,则一般考虑冷凝器脏堵等;如遇压缩机或风机运转声音不佳、运行电流偏大等情况,应重点关注。

在夏秋季节,如遇到室外温度过高而空调机组损坏的情况,建议全船降速运行,并对锂电池监测报警系统上的温度进行观察,以确保锂电池的温度维持在合适的范围内。

由于有此空调存在,且其功率接近 9 kW,对于电网总体负荷相对较小的船舶,集装箱式移动电源在夏秋季节的电量消耗速度会比在冬春季节快。

空调对于为集装箱式移动电源提供合适的工作温度,延长其使用寿命,起到非常关键的作用。

集装箱式移动电源空调维护项目如表4-1所示:

**表 4-1　集装箱式移动电源空调维护项目**

| 维护项目 | 维护标准 | 维护周期 | 检测方式 | 处理方法 |
|---|---|---|---|---|
| 空调清洁 | 空调清洁无尘、无污垢 | 6 个月 | 目测 | 用刷子或棉布清除空调的灰尘、污垢 |
| 空调外观 | 电源线缆无松脱 | 12 个月 | 目测 | 用螺丝刀对松动的线缆进行紧固 |
| 接线面板电源线缆、电源端子的可靠性 | 电源端子无松动 | 12 个月 | 目测 | 用螺丝刀对松动的电源端子重新固定 |
|  | 电源线缆无老化、破损、异常发热及其他异常 | 12 个月 | 目测 | 更换电源线缆 |
| 接线面板清洁 | 接线面板处无灰尘 | 12 个月 | 目测 | 用毛刷将灰尘清理干净 |
| 风机运行可靠性 | 风机运行无异响 | 6 个月 | 目测 | 用螺丝刀进行紧固 |
|  | 风口无异物 | 6 个月 | 目测 | 清理风口处的异物 |
| 冷凝水排放 | 冷凝水排放口无堵塞 | 6 个月 | 目测 | 用高压水枪冲洗冷凝水排放口 |
| 冷凝器清洁 | 冷凝器无脏堵 | 6 个月 | 目测 | 冲洗冷凝器,直至排水孔排出的水变清时冲洗结束 |
| 蒸发器清洁 | 蒸发器无脏堵 | 12 个月 | 目测 | 用干棉布擦除脏堵物 |

### （二）船舶锂电池的回收

废旧锂电池处理的流程与技术方法如下:

### 1.预处理

（1）放电。对废旧锂电池进行放电处理,使其电压降低,达到安全拆解的电压范围。现有的放电方法有穿孔放电法、低温冷冻法、溶液浸泡法和碱液放电法。低温冷冻法主要使用液氮等作为冷冻液,溶液浸泡法一般选用 NaCl 作为电解质。

（2）拆解与破碎。通过人工拆解或者机械破碎的方式对锂电池结构进行破坏,便于锂电池的后续回收处理。人工拆解具有分离效果好、产品纯度高、回收效果好等特点,但是生产效率低,并且存在一定的危险性。机械破碎主要通过高速旋转粉碎机、齿辊式剪切破碎机、角切式破碎机、撕碎机、球磨机等设备来对废旧锂电池进行破碎、细磨。同时,可以通过在破碎过程中添加 $Al_2O_3$ 作为助磨剂,来提高后续钴、锂等正极金属的浸出效率。

（3）溶解。通过不同物料在有机溶剂中溶解性质的差异,使黏结剂(多为 PVDF)与极板上黏结的锂、钴化合物进行分离。Contestabile 等人发现选用 N-甲基吡咯烷酮(NMP)作为溶剂溶解黏结剂,在其浓度为 5 mL/g、时间为 1 h、温度为 100 ℃的条件下,可实现铝箔与正极活性物质彻底分离,过滤后 NMP 可再次循环使用。还有研究表明,丙酮对正极材料的剥落具有良好的效果,在其浓度为 30 mL/g、溶解时间为 100 min、溶解温度为 50 ℃的条件下,铝箔与正极材料分离效果最好,丙酮和铝箔均可回收利用,从而大幅降低试剂成本。该方法可避免高温燃烧法带来的大气污染,但 NMP 等有机溶剂具有一定的毒性和挥发性,会对人体健康造成危害,所以在实际工业生产中应用较少。很多科研人员通过球磨来提高正极材料的剥落率,从而代替该工艺。

### 2.物理回收法

目前采用的物理回收法主要有破碎风选法、超声再生法、机械研磨法和破碎浮选法。

（1）破碎风选法。将物料进行选择性破碎,然后通过调节风选的参数,探究密度、形状、粒级等物理因素对物料分离、回收效率的影响程度。破碎风选法回收效率高,没有药剂使用,规避了二次污染,但运行过程中需要的动力成本高,对固体的破碎粒度要求严格,并且需要安装除尘收集装置。

（2）超声再生法。该方法可缩减实验流程,减少酸溶剂的使用,但是废旧电池里钴酸锂的剥落和收集存在困难,并且该工艺适用的生产规模较小。

（3）机械研磨法。利用机械研磨的方法使电极材料与磨料发生反应,从而使原本黏结在电极材料集流体上的锂化合物转化为盐类,然后用浸出剂将反应生成的盐类从产物中分离回收。机械研磨法的优点在于未用到危险性较大的浸出酸,操作环境友好,工艺流程简单;缺点是需要先对正极材料进行预处理来获得 $LiCoO_2$,而预处理过程中使用的高温工艺可能会对环境造成危害,并且球磨时间较长,能耗较大。

（4）破碎浮选法。根据不同物料的表面性质差异,选用合适的浮选药剂和捕收药剂对混合物料进行浮选或反浮选,使物料得以分离,并获得最终产品。破碎浮选法可以较为简单地对钴和锂进行有效的回收,且操作简单,但是该工艺同样对于物料预处理有一定的要求,需要通过高温处理和球磨作用来减小或消除黏结剂对正极材料(钴锂化合物)的黏附作用,然而高温分解带来的大气污染和球磨带来的高能耗问题不可忽略。破碎过程中钴酸锂的电化学性能可能也会发生变化,仍需后续的精制处理。

### 3.化学回收法

化学回收法主要有火法冶金法、湿法冶金法和熔盐化学焙烧。

（1）火法冶金法。经过预处理(放电、破碎)的废旧锂电池通过高温焙烧去除锂电池中的黏结剂,材料中的金属变成熔融态的合金,实现锂电池组成材料的分离。火法冶金法工艺简单,反应速度快,效率高,适合大规模处理种类繁杂的废旧锂电池。但锂电池中隔膜、黏结剂等有机物质的燃烧会产生大量的有毒气体,从而造成大气污染。因此需要严格控制处理温度,并且加装烟气净化设备,使得投资成本增加。

(2)湿法冶金法。该法主要通过溶液浸出的方式对锂电池物料中的贵重金属进行溶解,然后通过沉淀法、电沉积法、络合法、萃取法、盐析法和离子交换法对不同金属进行分离,最后获得高纯度的锂、钴等贵重金属。

①电沉积法就是使溶液中的有价金属离子在外加电场的作用下定向移动,然后移动到极板上获得电子,变成零价态金属沉淀物。电沉积法具有工艺流程短、操作简便、不用外加试剂等优点,但是该工艺同时存在耗能高、成品纯度低(多种金属共沉淀)、操作规模有限等缺点。

②络合法通过螯合剂(对金属离子强大的选择性结合能力)与溶液中的部分金属离子发生螯合作用,从而使金属离子从溶液中分离。目前 EDTA 络合法应用较多,由于 EDTA 的强配位能力,其对废旧锂电池中的钴、锂的回收率分别可达98%和99%。

③萃取法主要利用物质在两种互不相容的溶液中溶解度的差异进行分离。萃取法具有分离效果好、回收效率高的优点,但有机试剂的使用会对环境和人体健康造成危害,并且存在反应速度低、处理能力低、溶剂使用成本高等缺点。

④盐析法就是通过外加电解质的方式,降低离子在溶液中的溶解度,从而达到过饱和的状态使物质析出的过程。该法在工业生产中具有较强的操作性,投入的药剂价格低廉,但存在试剂用量过大,且生产过程中会有其他金属盐类析出,造成目标金属纯度下降的问题。

⑤离子交换法是利用离子交换树脂对不同金属离子络合物的吸附能力不同,回收有价金属的一种方法。离子交换法具有设备简单、操作方便、产品纯度高等特点,但盐的耗量大,需要对废液进行处理。

综上所述,湿法冶金法工艺较为成熟、可获得较高品质的产品,但存在反应时间较长、处理容量小、工艺流程烦琐、成本高等问题,且废水不能直接排放,需对废水进行后续处理。

(3)熔盐化学焙烧。在较低温度(200~600 ℃)下,将硫酸盐与破碎后的锂电池混合进行焙烧,使金属元素硫酸盐化,然后用水浸出硫酸盐,有价金属进入水溶液,使金属元素得以回收利用。

#### 4.微生物回收法

微生物回收法主要利用某些特定的微生物的代谢作用及代谢产物,对金属进行溶解和富集。目前主要使用氧化亚铁硫杆菌进行实验,通过控制微生物的最优生长条件来提高金属浸出效率。微生物回收法具有成本低、污染小、能耗低、可重复利用等优点,但特定微生物菌类选育困难,生化反应所需周期长。

#### 5.电极直接修复法

Lee 等人采用凝胶-溶胶工艺制备正极材料 $LiCoO_2$,在硝酸浸出液中加入 $LiNO_3$ 溶液调整锂、钴离子的比例,然后加入柠檬酸生成前驱体,并在 950 ℃ 温度下煅烧 24 h 得到 $LiCoO_2$,实验表明产品具有很好的充放电容量和循环性能。电极直接修复法极大地缩短了钴酸锂回收的工艺路线,工艺简单、易于操作,但该法产量较低,且需对回收产品的性能进行测定。

不同锂电池回收方法的优缺点如表4-2所示。

表 4-2　不同锂电池回收方法的优缺点

| 方法 | 工艺 | 优点 | 缺点 |
|---|---|---|---|
| 物理回收法 | 破碎风选 | 回收效率高,不使用药剂,规避了对环境的二次污染 | 动力成本高,需要安装除尘收集装置 |
| | 超声再生 | 工艺流程短,减少了化学试剂的使用 | 正极材料剥离效果差,工业推广困难 |
| | 机械研磨 | 无须使用浸出酸,操作环境友好,工艺流程简单,工业推广性强 | 预处理过程中高温处理会使隔膜分解产生有毒气体,球磨时间较长,能耗较大 |
| | 破碎浮选 | 无须使用浸出酸,操作环境友好,工艺流程简单,工业推广性强 | 铁、铜、铝等其他金属回收困难 |
| 化学回收法 | 火法冶金 | 工艺操作简单,反应速度快,效率高,适合大规模废旧锂电池的回收处理 | 反应会产生有毒气体,需要严格控制处理温度;需加装烟气净化设备,建设成本高 |
| | 湿法冶金 | 湿法工艺最为成熟,获得产品的纯度高 | 反应时间长,处理量小,试剂消耗量大,成本高,废水后续处理较为困难 |
| | 熔盐化学焙烧 | 避免浸出酸的使用,简化了工艺流程 | 产生的硫化物种类较多,不利于后续金属的分离 |
| 微生物回收法 | 生物浸出 | 成本低,污染小,能耗低,可重复利用 | 微生物选育困难,生化反应所需周期长,处理效率低 |
| | 生物淋滤 | | |
| 电极直接修复法 | 凝溶胶煅烧 | 工艺流程短,操作简单 | 产量小,预处理阶段要求较高 |
| | 分离煅烧 | | |

　　总的来说,船上一般没有处理锂电池的条件,都是以送岸处理为主。

　　但如果在船的锂电池已经发生电解液泄漏,在进行紧急切断故障蓄电池组的同时,需将该故障锂电池隔离。

　　应急处理人员应戴自给正压式呼吸器,穿消防防护服。尽可能切断泄漏源,防止其流入水域等。小量泄漏:用惰性材料吸收;用不燃性分散剂制成的乳液刷洗,洗液稀释后放入废水系统;用泡沫覆盖,减少蒸气灾害。

　　呼吸系统防护:空气中有毒有害物质浓度较高时,建议戴自吸过滤式防毒面具(半面罩)。眼睛防护:戴安全防护眼镜。身体防护:穿防静电工作服。手防护:戴绝缘橡胶手套。其他:工作现场严禁吸烟。工作结束后,淋浴更衣。注意个人清洁卫生。如有皮肤接触,应立即脱去被污染衣物,用大量流动清水冲洗至少 15 min。就医;或者立即脱去被污染衣物,用敌腐特灵溶液冲洗,如果是含氟的酸,用六氟灵冲洗,并及时就医。如吸入气体,应迅速撤离现场至空气新鲜处,并保持呼吸道通畅。如呼吸困难,应立即输氧。如呼吸停止,应立即进行人工呼吸,并就医。

# 三、电池动力船舶长期停运的管理

　　对于需要长期停运的电池动力船舶,如果采用的是集装箱式移动电源,建议将电池箱存放到岸上合适的场所,直接采用岸电对电池动力船舶进行供电。

平时应该注意对船舶进行如下维护保养:

船体维护:由于当前纯电动船舶主要在淡水水域使用,腐蚀方面会比在海域中相对好一些,但对于长期停运的船舶,船体仍较容易受到腐蚀和损伤,需要进行定期的维护和保养。其具体包括:对船体进行清洗,去除表面的污垢和海生物;对船体进行涂漆保护,防止腐蚀;对船体结构进行检查,确保结构安全。

机械设备维护:对于长期停运的船舶,机械设备容易发生故障和损坏,需要进行定期的维护和保养。其具体包括:对机械设备进行检查、润滑、清洁等;对机械设备的安全装置进行检查和测试;对机械设备的控制系统进行检查和调试;定期启动动力装置,防止其生锈卡死或被水草绞缠。

电气设备维护:对于长期停运的船舶,电气设备容易受到潮气的影响,需要进行定期的除潮、润滑以及清洁。其具体包括:对电气设备进行检查、清洁、润滑等;对电气设备的控制线路进行检查和测试;对电气设备的绝缘电阻进行检查和测试,一般建议每3个月对全船电气设备做一次绝缘测量。

消防设备维护:对于长期停运的船舶,消防设备容易过期和失效,需要对消防设备进行检查、清洁、充气等;对消防设备的报警系统进行检查和测试;对消防设备的灭火器进行检查和更换。

船员培训:对于长期停运的船舶,船上配员需满足最低安全配员要求,同时,船员需要进行培训。其具体包括:对船员进行技能培训,提高技能水平;对船员进行安全教育,加强安全意识;对船员进行身体健康检查,确保身体健康。

只有做好日常维护工作,才能确保船舶的安全和正常运转。

另外,由于锂电池的使用寿命与电池的材料、充放电制度、温度和机械应力等有着密切的关系,对于下电的锂电池,应做到:

存储条件:将锂电池存储在干燥、无腐蚀性气体、温度为$-20\sim35$ ℃的地方,避免阳光直射和高温环境;避免在潮湿、高温或极寒的环境中存储锂电池。

电量状态:如果锂电池长期不用,建议将其充电至50%～80%的电量,然后放置在干燥的地方保存。每隔3个月左右,对锂电池进行一次补充电,以保持电池的活性。

避免短路和挤压:在存储过程中,应避免锂电池受到物理损伤,如挤压、刺破等,否则可能会导致电池内部短路,从而引起火灾或爆炸等安全问题。

定期检查:应定期检查锂电池的状态,包括外观是否破损、电量是否充足、是否出现漏液等情况。如发现异常情况,应及时处理。

纯电动船舶的运营成本中,电池组成本占据了相当大的比例,因此,对于纯电动船舶来说,加强对蓄电池的维护保养显得尤为重要。通过定期检查、充电、更换电池等措施,可以延长蓄电池的使用寿命,降低电池更换的频率和成本,从而提高纯电动船舶的经济效益。此外,加强对蓄电池的维护保养还可以提高船舶的安全性能,防止由电池故障引发的安全事故。因此,对于纯电动船舶的运营者来说,加强对蓄电池的维护保养是一项非常重要的任务。

纯电动船舶相比于传统燃油船舶,最大的优势在于零碳排放、低噪声、低能耗,能够显著降低运营成本。在储电技术的推动下,船舶的能源系统将更加高效、可靠,同时也更加环保。通过使用更高效的电池和更先进的能量管理系统,纯电动船舶的续航里程将得到显著提高。纯电动船舶将更好地实现经济效益与社会效益的兼顾,为我国的内河航运事业注入新的活力。

# 四、船舶管理法规要求

## （一）内河船舶法定检验技术规则

为贯彻中华人民共和国相关法律和行政法规，保障水上人命财产安全，防止环境污染，保障船员的工作和生活条件，确保船舶在其生命周期内持续符合安全和环保技术标准，并促进我国航运业和造船业可持续发展，中华人民共和国海事局制定了《内河船舶法定检验技术规则》。本节依据该规则，针对同样适用于电池动力船舶电气安全等方面的内容做如下简要概述。

### 1.目标

（1）在正常情况下，确保对所有为船舶正常操作和正常居住条件所必需的电气设备供电。

（2）在各种应急情况下，确保对安全所必需的电气设备供电。

（3）保证旅客、船员及船舶的安全，使其免受电气事故的危害。

### 2.主电源的一般要求

（1）自航船舶应至少设置两组主电源装置，非自航船舶可根据使用所需设置主电源装置。

（2）当采用蓄电池组为船舶主电源时，应能保证在任何情况下启动本船最大容量电动机所产生的系统电压的降低，均不致引起运行中的任何电动机失速和其他设备失效。容量特大的侧推电机，可以在所有蓄电池组投入工作的情况下启动，但不应导致运行中的任何电动机失速和其他设备失效。

### 3.应急电源的一般要求

（1）应急电源应选用独立的蓄电池组或发电机组。

（2）应急电源应能在主电源失效时自动供电。在主配电板或机舱主机操纵台附近或机舱有人值班处所应设有标明应急电源正在供电的听觉和视觉信号，并附有消声装置。

（3）当应急电源为发电机组时，在主电源失效的情况下，应急发电机组应能自动启动、自动投入电网供电。应急发电机组的自动启动和自动投入电网供电的全过程应不超过30 s（启动次数不限制），如自动启动失败或自动投入电网失败，应发出听觉和视觉报警信号。

（4）应急电源的容量应保证在主电源失效时，至少向相关规定的应急负载同时供电1 h。如需向应急消防泵供电，则应至少供电3 h。如应急电源为蓄电池组，则该蓄电池组应能承载应急负载而不必充电，在整个供电期间蓄电池的电压变化应能保持在其额定电压的±12%之内。

（5）除驾驶室和集体救生设备降落水域的舷外照明灯具外，在应急照明线路上不应设置就地开关。应急照明灯应有明显的红色标志，或在结构上与一般照明灯不同。

### 4.应急电源的设置

（1）航行于急流航段且转舵扭矩大于16 kN·m的船舶，应设置蓄电池组作为应急电源。

（2）转舵扭矩大于16 kN·m的下列船舶，应设置应急电源：

①通过三峡大坝的船舶；

②航行于三峡库区长江干流非急流航段的客船、油船、液化气体船、化学品船。

（3）旅游船和客滚船，应设置应急电源。

## 5.应急电源的安装

（1）应急发电机组或应急蓄电池组及其配电装置应安装在干舷甲板或其以上甲板的处所内，且该处所应位于防撞舱壁以后、机炉舱以外。

（2）应急蓄电池组与应急配电板和充电装置不应安装在同一舱室内，但应尽量靠近。当主配电板所在处所发生火灾或其他事故时，不应妨碍应急配电板的功能。

（3）应急发电机组应与应急配电板安装在同一舱室内。

## 6.应急电源的供电电源

（1）操舵装置的动力及控制设备。

（2）供电给通信导航设备、应急照明负载等的变流机组（若设有）。

（3）电动应急消防泵（设有应急发电机组，且应急消防泵为电力驱动时）。

（4）其他应急负载应特别考虑下列各项：

下列处所的应急照明负载：

①主机操纵台的上方；

②主配电板及应急配电板的前后方；

③机炉舱及其出入口处、应急逃生出口处；

④广播扩音设备及无线电设备的安装处所；

⑤所有服务及起居处所内的通道、梯道、出口；

⑥通往集体救生设备存放处、登乘站、集合站的通道、梯道、出口；

⑦集体救生设备存放处及降落的水域、集合站、登乘站；

⑧公共处所及超过16人的客舱；

⑨舵机舱；

⑩驾驶室；

⑪机舱集中控制处所及机舱集中监视处所；

⑫灭火控制室；

⑬开式滚装处所、闭式滚装处所；

⑭应急消防泵安装处所。

下列设备：

①传令钟；

②灭火剂释放预告报警装置；

③探火和失火报警系统、手动失火报警按钮装置；

④紧急（集合）报警装置；

⑤无线电通信设备。

## 7.临时应急电源的设置

（1）按照规定设置主电源的船舶，应至少设置一组蓄电池用作临时应急电源，已设置蓄电池组作为应急电源的船舶除外。

（2）临时应急电源（蓄电池组）在主电源失效时，应能自动接入所规定的部分设备，且应能承载临时应急负载在整个供电期间保持其电压变化在额定电压的±12%以内而不必再充电。

（3）临时应急电源及其配电装置应安装在干舷甲板或其以上甲板的处所内，且该处所应位于防撞舱壁以后、机炉舱以外。

（4）除驾驶室和集体救生设备降落水域的舷外照明灯具外，在临时应急照明线路上不应设置开关,且临时应急照明灯应有明显的红色标志或其灯具在结构上与一般照明灯不同。

### 8.临时应急电源的供电范围

(1)临时应急电源(蓄电池组)的容量应至少向以下①~⑦所列设备同时供电 0.5 h,并应同时向⑧所列设备供电 1 h。

①临时应急照明;

②紧急(集合)报警装置;

③探火和失火报警系统、手动失火报警按钮装置;

④机电设备故障检测报警系统;

⑤船内通信系统;

⑥操舵控制系统;

⑦失控信号灯;

⑧无线电通信设备。

(2)临时应急照明的设置应特别考虑下列处所:

①主机操纵台处;

②主配电板(应急配电板)的前后方;

③公共处所及超过 16 人的客舱;

④所有服务及起居处所内的通道、梯道、出口;

⑤机舱集中控制处所及机舱集中监视处所;

⑥驾驶室;

⑦通往集体救生设备存放处、登乘站、集合站的通道、梯道、出口;

⑧集体救生设备存放处及降落的水域、集合站、登乘站;

⑨灭火控制室。

### 9.照明

(1)主照明系统应向全船旅客和/或船员通常能到达和使用的部位提供充足的照明,并由主电源供电。

(2)主照明系统的布置应在主电源、相关的变换设备(如设有)、主配电板和主照明配电板的处所发生火灾或其他事故时,不会造成应急照明系统失效。

(3)应急照明、临时应急照明的设置应满足相关规定。

(4)应急照明的布置应在应急电源、相关的变换设备(如设有)、应急配电板和应急照明配电板的处所发生火灾或其他事故时,不会造成主照明系统失效。

(5)船舶的正常照明线路不应兼作应急照明线路。

(6)旅游船、客滚船、设有内走廊的游览船及设有卧席的普通客船,均应在包括梯道和出口在内的脱险通道全线(包括拐弯和岔路口)距甲板高度不超过 0.3 m 处,设置符合相关标准的灯光或荧光条形显示标志。该显示标志应使乘客能辨认出整个脱险通道出口。

若采用灯光,则应由应急电源或临时应急电源供电。

I型客滚船应设置附加应急照明,并应符合下列规定:

①旅客公共处所和通道应设置附加应急照明,其在所有其他电源故障及任何横倾状态下,应能连续工作 1 h;

②提供的照明应能使人容易到达逃生的紧急出口;

③附加应急照明的电源应是设置于灯具内的蓄电池,该蓄电池应能连续充电且保证在所

有其他电源故障时自动投入使用；

④附加应急照明设备应有明显的故障指示；

⑤设置在灯具内部的蓄电池应定期更换，其间隔期应考虑到蓄电池在使用中所经受的环境条件允许的使用寿命；

⑥在每一船员处所通道、娱乐场所和通常有人的工作处所，除非设有上述要求的附加应急照明，否则应配备可携式充电电池灯。

### 10.航行灯、信号灯

（1）航行灯控制箱应由两路电源供电，对不要求设置应急电源的船舶，其中一路必须由主配电板直接供电，另一路可由主配电板供电的分电箱供电；对要求设置应急电源的船舶，其中一路应由主配电板供电，另一路应由应急配电板供电。

（2）对于主电源符合规定的船舶，当其航行灯、信号灯均由 1 个控制箱供电时，可只设一路电源。

（3）航行灯控制箱应设有每只航行灯发生故障的听觉和视觉报警信号装置。

（4）每只航行灯（在控制箱上）应设有单独的控制开关、熔断器和开闭指示装置，并应设有相应铭牌或标志。

（5）每只信号灯应由设在驾驶室的信号灯控制箱引出的独立分路进行控制和保护。信号灯控制箱应设有与信号灯的颜色和信号一致的工作指示灯。

（6）闪光灯控制箱应装于驾驶室内，其箱上应设有电源指示灯和工作指示灯。

闪光灯的电源指示灯和工作指示灯应设置在面对驾驶员且便于观察的位置。

闪光灯应设有自动控制装置。当自动控制装置失效时，应能手动控制。

对于驳船、非自航船等其他无人驾驶的船舶，其信号灯控制箱可设置在值班室或便于管理的场所。

## （二）国内航行海船法定检验技术规则

中华人民共和国海事局发布了《国内航行海船法定检验技术规则（2022 年修改通报）》，新增了船舶使用锂离子蓄电池的附加要求等内容。关于电池动力船舶的消防和探火相关内容将在第五章"电池动力船舶火警与消防系统"做介绍。

对电气装置做了如下修改：

原 2-1.3.2.1 改为：

"2-1.3.2.1 应配备向本节 2-1.3.1.1（1）所述的所有设备足够容量供电的主电源。除本节 2-1.3.2.2、2-1.3.2.9 和 2-1.3.11.3 另有规定者外，主电源至少应由两台发电机组组成。"

新增 2-1.3.3.13 如下：

"2-1.3.3.13 若本节 2-1.3.3.4 所述的应急电源和 2-1.3.3.5 所述的临时应急电源使用锂离子蓄电池，则该锂离子蓄电池除满足 2-1.3.3 的适用要求外，还应满足本节 2-1.3.11 的要求。"

原 2-1.3.4.1（1）改为：

"2-1.3.4.1 应急电源应有足够的容量，以确保在应急情况下向必要的安全设备供电，并应考虑到这些设备可能要同时工作。

应急电源在计及启动电流和某些负载的瞬变特性后，应至少能对下列设备（如依靠电力工作）按以下规定的时间供电：

（1）对下列各处的应急照明供电，航行于沿海航区的船舶供电时间为 6 h，航行于近海航区的船舶供电时间为 12 h，航行于远海航区的船舶供电时间为 36 h：

①每一登乘救生艇、筏的集合地点、登乘地点及其舷外；

②通达登乘救生艇、筏的集合地点、登乘地点的走道、梯道和出口处；

③所有服务及起居处所内的通道、梯道、出口及载人电梯内；

④机器处所及主发电站内，包括它们的控制位置；

⑤所有控制站、机器控制室以及每一主配电板和应急配电板处；

⑥消防员装备储放处所；

⑦操舵装置处；

⑧本篇第 2-2 章规定的消防泵、喷水器供水泵、应急舱底泵等处所以及这些泵的电动机启动位置。"

原 2-1.3.4.2（1）改为：

"2-1.3.4.2 本章 2-1.3.3.5 所要求的临时应急电源应具有足够的容量，至少应能对下列各项设备（如依靠电力工作）供电：

（1）对下列设备的供电时间为 0.5 h：

①本节 2-1.3.4.1（1）和（2）①所要求的航行灯和其他信号灯；

②本节 2-1.3.4.1（2）③、⑤及⑥所要求的设备，但如具有安装于适当位置，可供应急状态下使用，且满足应急供电时间的独立蓄电池组，则可除外。"

新增 2-1.3.7.4 如下：

"2-1.3.7.4 若本节 2-1.3.7.2 所述的应急电源使用锂离子蓄电池，则该锂离子蓄电池除满足 2-1.3.3 的适用要求外，还应满足本节 2-1.3.11 的要求。"

新增 2-1.3.11 如下：

"2-1.3.11 船舶使用锂离子蓄电池的附加要求

2-1.3.11.1 本节所述的锂离子蓄电池，仅适用于磷酸铁锂电池。

2-1.3.11.2 除本节另有规定外，船上使用的锂离子蓄电池应满足公认标准中有关锂离子蓄电池船用技术要求和船舶布置的适用要求。

2-1.3.11.3 锂离子蓄电池组作为船舶主电源的组成部分时，可不必满足本节 2-1.3.2 中主电源应至少由两台发电机组组成的要求。

2-1.3.11.4 为主电源和推进动力分别设置锂离子蓄电池的船舶，锂离子蓄电池的容量应分别满足下列要求：

（1）主电源应至少设置两组独立蓄电池组，并能在任一蓄电池组失效时，剩余电源仍能继续对正常推进操作和安全所必需的设备供电，并应至少满足单程航行需要。同时，最低舒适的居住条件也应得到保证，应至少包括为烹调、取暖、食品冷冻、机械通风、卫生和淡水等设备的供电。

（2）电力推进电源应至少设置两组独立蓄电池组，并能在任一蓄电池组失效时，剩余电源应至少满足单程航行需要。同时，推进配电板的汇流排应至少分成两个独立的分段，在任一分段失效时还能维持有效推进。

2-1.3.11.5 若仅由锂离子蓄电池组组成的公共电站作为主电源和电力推进电源，则应满足下列要求：

（1）公共电站应至少设置两组独立蓄电池组，并能在任一蓄电池组失效时，剩余电源仍能继续对电力推进、船舶和人员安全所必需的设备供电,并应至少满足单程航行需要。

(2)主汇流排应至少分成两个独立的分段,在任一分段失效时,剩余分段的蓄电池组应能向本节2-1.3.1.1(1)所述的所有设备供电,同时还应维持有效推进。

2-1.3.11.6 若由发电机组和锂离子蓄电池组共同组成的公共电站作为主电源和电力推进电源,则应满足下列要求:

(1)应能在任一台发电机组或任一组蓄电池组失效时,剩余电源仍能继续对电力推进、船舶和人员安全所必需的设备供电,并应至少满足单程航行需要。

(2)主汇流排应至少分成两个独立的分段,在任一分段失效时,剩余电源应能向本节2-1.3.1.1(1)所述的所有设备供电,同时还应维持有效推进。

2-1.3.11.7 若船舶使用直流配电电力推进系统,则还应满足公认标准的适用要求。"

对构造——防火、探火与灭火部分做了如下修改:

原2-2.1.3.3(3)②(d)改为:

"(d)上述(c)所要求柴油机的燃油供给柜所存的燃油,应能使该泵在全负荷下至少运行3 h,在A类机器处所或主消防泵及其电源所在处所之外可供使用的储备燃油,应能使该泵在全负荷下再运行:

3 h,对航行于近海航区的货船;

15 h,对航行于远海航区的货船。"

原2-2.1.4.2(8)③改为:

"③容器充装率应不大于0.67 kg/L;"

原2-2.1.4.3(13)①改为:

"①根据本章2-2.1.4.3(4),容器内压力达到下限值和上限值;"

原2-2.1.12.1(6)改为:

"(6)上述(3)规定的应急电源可由蓄电池组或应急配电板供电。该电源应足以按本篇第2-1章2-1.3.4或2-1.3.5要求的时间维持探火和失火报警系统的运行,并且直至该要求的时间结束,应能够持续运行所有连接的视觉和听觉失火报警信号装置30 min。"

原2-2.1.15.1(3)②改为:

"②在机器处所准许使用测量管;如果测量管上装有合适的关闭装置,可以不满足2-2.1.15.1(2)中⑥(a)的ⓐ和ⓒ的要求。"

### (三)内河电池动力船舶应持有的法定证书、文书

船舶证书是船舶应配备的证明船舶所有权及其技术营运性能的各种文件的统称。船舶证书是用来界定船舶是否满足安全航行要求的最基本要素之一。它既是船舶检验合格的证明,也是证明船舶国籍、技术状况、航行性能及船舶营运必备的各种文件的总称。它包括法定证书和一些其他证书,如船舶国籍证书、船舶登记证书、船舶入级证书、油污损害民事责任保险或其他财务保证证书、除鼠证书或免予除鼠证书、船舶卫生证书、船舶最低安全配员证书、气胀救生筏检验证书、二氧化碳装置检验证明及称重记录、可燃气体清除证书、船舶装载危险货物准单、危险货物监装证书、船舶出口许可证、船舶安全检查记录簿、油类记录簿、船舶垃圾记录簿等。内河电池动力船舶除了需持有法定内河航行船舶的通用证书、船舶国籍证书、等级证书、入级证书等以外,还需持有内河船舶安全与环保证书、内河船舶航行证书、内河船舶安全与环保设备记录证书(簿)等。内河船舶安全与环保设备记录的内容包括:船舶基本参数、船体部分、锚

设备、舵设备、消防设备、救生设备、航行设备、信号设备、无线电设备、推进装置、锅炉、空气瓶、特种机械、电气设备、船员舱室、吨位丈量、载重线、防止油类污染、防止生活污水污染、防止垃圾污染、防止空气污染、防污底系统等。此外，还有轮机设备船用产品证书、电气设备船用产品证书、船体设备证书和电池类证书。

### （四）海船电池动力船舶应持有的法定证书、文书

多年来，我国政府根据国际公约的要求，以及国内水上运输的实际情况，相应颁布了一系列的法律、法规和规范，不断统一和明确了各种船舶证书标准，并于 2022 年 9 月 7 日发布《中华人民共和国海事局关于发布海船应持证书、文书清单的公告》，对船舶航行中应持有的证书、文书进行了明确规定。

不同的船舶类型、航区、船长、吨位等，对应不同的证书、文书配备要求。一般所有船舶都要配备的证书文书如下：船舶国籍证书、（临时）符合证明、（临时）安全管理证书、（临时）海事劳工证书、船舶最低安全配员证书、船舶制式无线电台执照、水上移动通信业务标识码证书、货物系固手册、航海日志、轮机日志、车钟记录簿、连续概要记录、适拖证书、适航证书、免除证书等。

国内沿海航行船舶应持有的证书和文书如表 4-3 所示：

**表 4-3　国内沿海航行船舶应持有的证书和文书**

| 序号 | 名称 | 证书/文书 | 适用对象 |
|---|---|---|---|
| 1 | 国内航行海船安全与环保证书 | 证书 | 船长大于等于 20 m 的船舶 |
| 2 | 海上船舶检验证书（簿） | 证书 | 船长大于等于 20 m 的船舶 |
| 3 | 海上船舶危险货物适装证书 | 证书 | 2021 年 1 月 1 日及以后建造的船长大于等于 20 m 的装运危险货物的所有国内航行海船 |
| 4 | 防火控制图（或消防设备布置图） | 文书 | 对小于 500 总吨的货船，可使用消防设备布置图 |
| 5 | 破损控制图 | 文书 | 有破损稳性要求的船舶 |
| 6 | 破损稳性计算书 | 文书 | 有破损稳性要求的船舶 |
| 7 | 装载手册（或完整稳性资料） | 文书 | 所有船舶 |
| 8 | 起重设备检验与试验证书（簿） | 证书 | 起重设备检验合格后，应签发有关起重设备证书（簿） |

船舶应持有的防止海洋环境污染证书及文书按照《中华人民共和国海洋环境保护法》等规定执行。

除此以外，电动船舶还需要配备船舶安全与环保证书、船舶航行证书、船舶安全与环保设备记录、轮机设备船用产品证书、电气设备船用产品证书、船体设备证书和电池类证书等。

### （五）触电、电气火灾及其他电气火灾的预防措施

船舶应采取如下接地措施：

电气设备的带电部件以外的所有可接近的金属部件均应接地，但下列情况可除外：

（1）工作电压不超过 50 V 的设备，对于交流电，此项电压为均方根值，且不得由自耦变压器取得；

（2）由只供一个用电设备的专用安全隔离变压器供电，且电压不超过 250 V 的设备；

（3）具有双重绝缘和(或)加强绝缘的可携式设备；

（4）为防止轴电流的绝缘轴承座。

电气设备的接地应满足下列要求：

（1）当电气设备直接紧固在船体的金属结构上或紧固在与船体金属结构有可靠电气连接的底座(或支架)上时，可不另外设置专用导体接地；

（2）不论是专用导体接地还是靠设备底座(或支架)接地，其接触面均须光洁平贴，保证有良好的接触，并应有防止松动和生锈的措施；

（3）若采用专用导体接地，则其导体应用铜或导电良好的耐蚀材料制成，必要时应有防止机械损伤及防腐蚀的措施；

（4）可移动和可携电气设备的不带电的裸露金属部分，应以附设在软电缆或软电线中的连续接地导体，通过插头和插座接地，其接地导体的截面积应符合相关要求。

电缆的接地应满足下列要求：

（1）电缆的金属护套或金属外护层应于两端做有效接地，但最后分路允许只在电源端接地。对于控制和仪表设备的电缆，由于技术上的原因，若一端接地较为有利，则无须两端接地。

（2）电缆的金属护套或金属外护层可采用下列方式之一进行接地。

①用金属夹箍夹住，并以专用铜接地导体连接至船体的金属结构上。该接地导体的截面积 $Q$ 与电缆导体的截面积 $S$ 间的关系应符合下列规定：

当 $S \leq 25$ mm$^2$ 时，$Q \geq 1.5$ mm$^2$；

当 $S > 25$ mm$^2$ 时，$Q \geq 4$ mm$^2$。

②用专用接地填料函接地，但填料函应能保证有效的接地连接。

③用电缆紧固件接地，这些电缆紧固件应以耐腐蚀的金属材料制成，并应能使电缆金属护套或金属外护层与地之间有良好的接触。

为防止静电放电危害，凡装载易燃液体和能挥发出可燃气体和/或产生易燃粉尘固体的货舱(柜)、处理装置和管系，除直接或通过支承件焊接固定安装在船体上外，应加专门的接地搭接片，采用法兰接头的各管段之间亦应加接地搭接片。该接地搭接片应用铜或导电良好的耐腐蚀材料制成，其截面积应不小于 10 mm$^2$。

非金属船的电气设备的金属外壳及带电部件以外的所有可接近的金属部件应采用连接导体连在一起，以形成一个连续和完整的接地系统，连接至面积不小于 0.2 m$^2$、厚度不小于 2 mm 的金属接地板上。该金属接地板的安装位置应保证其在任何航行状况下均能浸没在水中，且其应具有防腐蚀性能。

## （六）电气系统和线路保护措施

（1）旅游船、客滚船、设有卧席的普通客船、滚装货船、油船(驳)、散装运输液化气体船、散装运输危险化学品船及载运危险货物的船舶应采用对地绝缘配电系统。

（2）对地绝缘的配电系统，不论是一次系统还是二次系统，均应在主配电板和应急配电板上设有指示绝缘系统对地绝缘情况的兆欧表或指示灯，或连续监测绝缘电阻的监测装置。当采用指示灯时，其功率应不大于 15 W，并应以按钮控制。旅游船、客滚船、设有卧席的普通客船、滚装货船、油船(驳)、散装运输液化气体船、散装运输危险化学品船及载运危险货物船，应采用连续监测绝缘电阻的监测装置，并应在绝缘电阻异常低时发出听觉和视觉报警信号。

（3）每一独立电路均应设有可靠的短路保护和过载保护。操舵装置的电力供电电路，只应设置短路保护。

（4）各保护电器的选择、安排和功能应使系统的保护具有选择性，以保证某处发生故障时，仅切断故障电路，保持对非故障电路的连续供电。同时，尽可能消除故障的影响和发生火灾的危险。

（5）应有标明每一电路的过载保护电器额定值或相应整定值的耐久标志，该标志应设于保护电器的所在位置。

（6）所有电缆和电气设备的外接线至少应为滞燃型。

（7）电气设备的电缆和电线应尽可能地远离厨房及其他有高度失火危险的区域或处所。

（8）电缆的敷设应避免擦伤和其他损害，露天甲板和易受机械损伤的场所应有防护措施。

（9）所有电缆的终端和接头应采取有效措施以保证电缆的原有电气、机械及滞燃性能不受损害。

（10）照明线路及电热器具线路的电缆应采取措施以防止灯泡及发热元件产生的热量超过电缆的许用温度，并能防止其周围的材料发生过热现象。

（11）客船（客渡船除外）上的起居处所和服务处所应敷设无卤电缆。

（12）需在失火状况下工作的设备的电缆，包括其供电电缆，如穿过较大失火危险处所或客船主竖区，则除了这些区域本身的电缆以外，应采用耐火电缆。但下列设备可以除外：故障安全系统；具有自我检测功能的系统；双套设备，且其电缆是分开敷设的。

需在失火状况下维持工作的设备包括：紧急集合报警系统、探火和失火报警系统、二氧化碳预释放报警装置、扩音（广播）系统、应急照明和低位照明（若采用灯光）。

Ⅰ型客滚船在滚装处所失火情况下需继续工作的设备的滚装处所电缆，包括其供电电缆，应采用耐火电缆。这类电缆至少应包括相关规则所述的设备及电视监视系统、舵机系统、指挥电话、应急消防泵的供电电缆和控制电缆。

Ⅰ型客滚船的开式/闭式滚装处所内应设有电视监视系统，以便在船舶航行时，驾驶室能观察到车辆的移动和未经允许的乘客进入。

其他未能详尽叙述的相关规则可参考《内河船舶法定检验技术规则》。

# 第五章

# 电池动力船舶火警与消防系统

## 一、火警与消防基础知识

在火灾发生之前,普通可燃物在燃烧过程中会产生大量烟雾,温度将急剧上升,并且出现火光,因此根据火灾前兆的物理现象,火灾探测方法可分为烟探测法、热(温度)探测法和光探测法。

在滚装船、消防船和油船的货舱或某些舱室可能会聚集较多的易燃气体。易燃气体在其浓度超过燃烧下限时,遇明火会发生燃烧或爆炸。为了检测易燃气体是否达到危险浓度,在这些船上一般装有易燃气体探测报警系统,对易燃气体的火灾探测方法为气体浓度探测法。

### (一)火灾探测器的种类

火灾探测器是火灾自动报警系统的检测单元,一旦在它所监视的环境中有火情,就将火灾的特征物理量,如烟雾、温度、火光等转换成电信号向火灾报警中央单元发送。对于普通可燃物,按照探测火灾参数的不同,火灾探测器可以分为感烟式、感温式和感光式等类型,船上主要采用感烟式和感温式火灾探测器。对易燃气体的探测,大多采用气敏半导体火灾探测器。此外,还有智能型火灾探测器。

### (二)火灾探测器的工作原理

#### 1.感烟式火灾探测器

船上常用的感烟式火灾探测器主要有感烟管式(或称光电式)和离子式两种。感烟管式主要用于大舱内的火灾探测,而离子式主要用于机舱等处的火灾探测。

离子式火灾探测器如图5-1所示。它由内外电离室和检测电路组成。内电离室 FSY1 是封闭气室,充有标准气体;外电离室 FSY2 开有小孔,与所监视的舱室相通,每个电离室中放一块同位素镅241和一个电极。它是利用烟雾颗粒能吸附离子的原理来探测的。同位素镅241能发射 $\alpha$ 射线使空气电离,并在电场作用下产生离子电流。当有烟雾的气体进入外电离室时,烟雾颗粒能吸附一部分离子,使其电流减少,相当于外电离室的等效电阻值增大,而内电离室的等效电阻值不变。随着外电离室中烟雾浓度的增大,A 点电压 $U_A$ 升高,经场效应管 BG1 源极耦合到晶体管 BG2 的基极放大后输出。当烟雾浓度达到一定值时,使输出电压相应升高到某一动作电压,通过起门槛作用的稳压管 DW1 去触发可控硅管 SCR1 使之导通,继电器通电发出火灾探测信号。

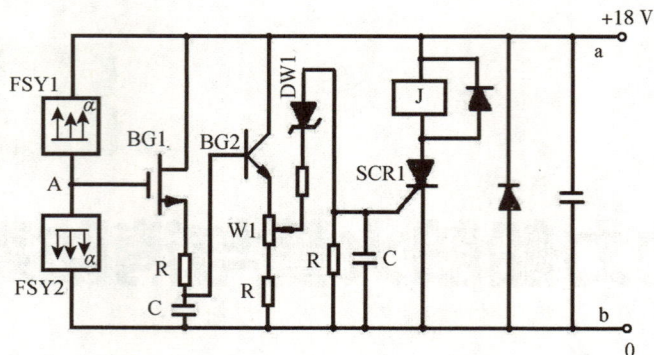

图 5-1　离子式火灾探测器

## 2.感温式火灾探测器

船上常用的感温式火灾探测器有定温式、差温式和差定温式三种。感温式火灾探测器主要用于住室、走廊、控制室和舱室等容积较小场所的火灾探测。

（1）定温式火灾探测器

定温式（或称恒温式）火灾探测器是根据监视点温度达到某个设定值来探测的。常用的定温式火灾探测器有低熔点金属丝和双金属片，如图 5-2（a）和图 5-2（b）所示。

当监视点温度达到设定值时，低熔点金属丝被熔断；或利用膨胀系数不同的双金属片，受热弯曲使触头断开。它们可使一个继电器断电，其常闭触头闭合发出火灾探测信号。

（2）差温式火灾探测器

差温式（或称温升式）火灾探测器是根据监视点温度升高变化率来探测的，如图 5-2（c）所示。在火灾前期温度上升较快，当温度升高变化率大于 5.5 ℃∕min 时，气室内的气体快速膨胀，由于小孔放气量很小，气体来不及从小孔泄放，其压力升高，波纹膜片下弯使动触头与静触点闭合发出火灾探测信号。

温升式火灾探测器也可以采用热敏电阻及电子电路制成。

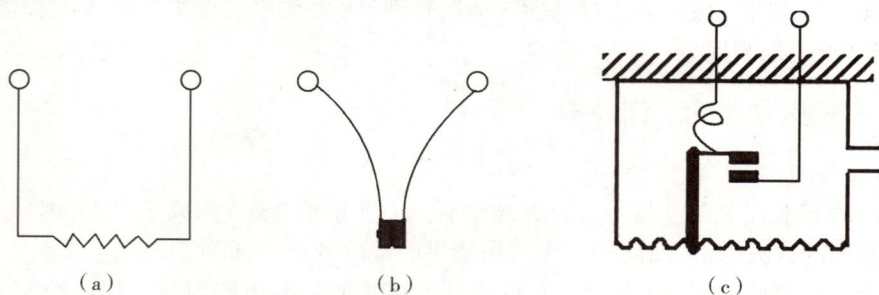

（a）　　　　　　　　　（b）　　　　　　　　　（c）

图 5-2　感温式火灾探测器

（3）差定温式火灾探测器

差定温式火灾探测器将定温式和差温式组合在一起，兼有两者的功能，扩大了使用范围，提高了可靠性。差定温式火灾探测器一般多是膜盒式或热敏电阻式等点型结构的组合式火灾探测器。差定温式火灾探测器按其工作原理又可分为机械式和电子式两种。

## 3.气敏半导体火灾探测器

目前在易燃气体探测的实际应用中，通常采用气敏半导体（或称金属氧化物元件），它是在铂金丝上涂以金属氧化物,在高温中焙烧而成的。气敏半导体的品种很多,主要有氧化锡、氧化锌、氧化钴、氧化铁和氧化镍等,其中氧化锡使用较广。用这些氧化物制成的气敏半导体,按其性质可分为 N 型和 P 型两大类。N 型气敏半导体在遇到敏感气体时,其电阻值减小;而 P 型气敏半导体在遇到敏感气体时,其电阻值增大。

气敏半导体火灾探测器的结构如图 5-3 所示。气敏半导体的工作原理一般可采用势垒学说解释,其主要点是:由于吸附作用,半导体的外表上吸附了空气中大量的氧分子,而产生了由外向内的静电场,为了屏蔽这一外电场,半导体表面内必然形成势垒。对 N 型气敏半导体来说,这一势垒是由多数载流子(电子)的聚集形成的,由此减少了参加导电的电子数量,引起半导体电阻值的增大。当周围存在还原性易燃气体时,被吸附的还原性易燃气体产生由内向外的电场,其方向与势垒电场的方向相反,减弱了势垒对电子的束缚,使一部分电子参与导电,从而减小了半导体的电阻值。当还原性易燃气体离去时,空气中的氧分子又被吸附,再次加大对电子的束缚力,使半导体的电阻值恢复到初始值。因此,气敏半导体火灾探测器是利用气体浓度升高,其电阻值减小的原理来探测的。

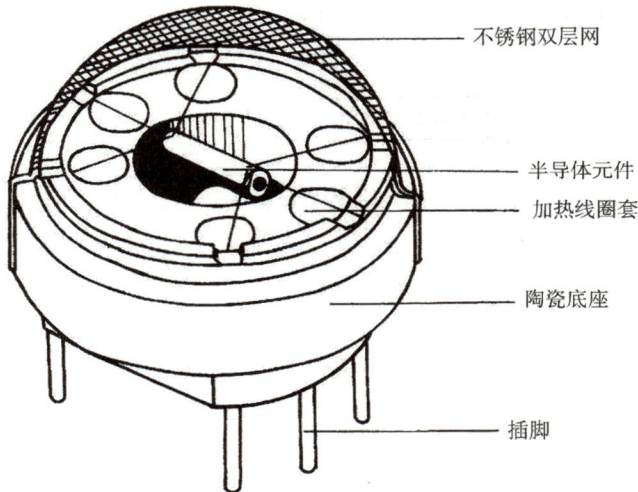

图 5-3　气敏半导体火灾探测器的结构

### 4.智能型火灾探测器

随着科技的快速发展,出现了智能型火灾探测器。这种探测器具有一定的智能处理能力,能对火灾特征信号进行直接分析和处理,从而大大减轻了中央单元的信息处理负担,提高了火灾报警系统的响应速度。智能型火灾探测器一般具有以下特点:

(1)输出信号与火灾状况(烟雾浓度变化、温度变化等)呈线性变化。探测器能够按预报警、火灾发讯、联动警报三个阶段传送信号。探测器变脏、老化、脱落等故障状态信息也传送到中央单元,以进行检测识别并发出故障警报信号。

(2)内部配置高集成度的微型智能模块(内含 CPU、A/D 转换器、串行通信接口),并具有通信功能。

(3)具有地址编码功能。探测器的编码地址由系统软件程序决定,在火灾报警控制器上可根据需要命名或更改火灾探测器的地址。

(4)具有很高的环境适应能力与稳定性,且具有抗灰尘附着、抗电磁干扰、抗温度影响、抗潮湿、抗腐蚀等特点。

（5）装有配套的火灾识别软件。探测器的灵敏度和警戒值可以灵活设定。

（6）具有自动故障测试功能。无须加烟或加温测试，只要利用报警控制器键盘上的按键，即可完成对探测器的功能测试。

### （三）火警监控系统的组成及一般操作

分路式火灾自动报警系统是火警监控系统的一种，其主要由火灾报警中央装置和火灾探测器两部分组成，如图5-4所示。

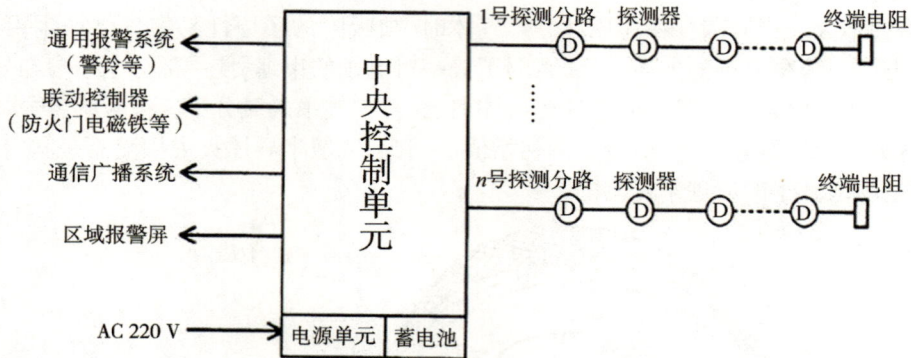

**图 5-4　分路式火灾自动报警系统示意图**

### 1. 基本组成

（1）探测器

探测器分布在被监测环境现场，它监测环境的有关物理量，将其转换成与之对应的电信号并传递给报警控制器。手动报警按钮一般安装在人员经常出入的走廊、通道、楼梯口等明显的地方。

（2）中央控制单元

中央控制单元一般安装在驾驶室或消防控制站内。它的作用是接收火灾探测器从现场发送来的火灾信号，经过处理后给出声光火灾报警信号，并显示出火警的部位。在船上应用的报警控制器有可编程逻辑控制（PLC）、微机控制、逻辑电路控制以及继电接触器控制等类型。

（3）区域报警屏

区域报警屏一般安装在机舱集控室内，以及船员生活区走廊内。它可以接收报警控制器的信号，显示外围断路等故障信号；在火警发生时，可以指示报警部位并给出声光警报。在区域报警屏上可以复位各种报警信号。

（4）联动控制器

联动控制器安装在消防控制站内，接收报警控制器送来的火灾信号，通过模块向有关消防设备（包括防火门、风机、油泵等）发出控制命令，同时查询设备的执行情况。

（5）通信广播系统

通信广播系统的主体部分安装在消防控制站内，喇叭及电话分机等器件安装在现场，可自动或手动发出语音报警信号。

### 2.基本功能

探测器监测周围环境的情况，并将信号传输给火灾报警中央装置。火灾报警中央装置接收到探测器送来的火警信号后,发出声光报警信号,并指示出火源部位,启动外部报警控制设备。中央装置还能对系统进行故障监测,当系统发生故障时发出故障声光信号,指示出故障类型。故障声光信号与火警声光信号有明显的区别。火警与故障信号有记忆功能,只有在火警和故障已消除并经人工复位后方能恢复正常。另外,系统还具有手动模拟测试功能,检测设备是否正常。每个探测分路均可切断,切断后有相应的灯光指示。主、副电源可以自动转换,保持不间断对系统供电。

### 3.工作原理

此类系统的探测器为开关量型,探测器在非报警状态下工作电流很小(微安级)或为0。当发生火灾,探测器动作时,内部机械或电子开关闭合,流经探测器的电流迅速上升(毫安级)。探测器的连接电缆多为二芯线,所有同一分路上的探测器均并联在一起,为了监视探测器的正常工作,系统常采用如图5-5所示的连接方式。

图5-5 火警监控系统探测结构图

每个探测器内有一根短接线,分路最末一个探测器内接一个终端电阻(或齐纳二极管),分路正常工作时有监测电流流经终端电阻,当任意一个探头从底座上脱落或电缆断线时,分路中不再有监测电流。火灾报警中央装置根据探测分路中流经电流的大小可检测出其处于正常、报警或故障状态。

## 二、电池动力船舶的防火与探火

为了保障电池动力船舶的安全性,在船舶建造方面我国制定了《国内航行海船法定检验技术规则(2022年修改通报)》《纯电池动力船舶检验指南》《混合动力船舶检验指南》《内河绿色船舶规范》等重要规范,从电池系统、防火、探火、灭火、脱险等方面做出了规范和要求。

### (一)动力电池舱耐热和结构性分隔

(1)锂离子蓄电池舱(室)的布置,应与起居处所相互远离,若确需相邻布置,二者的共用限界面应尽可能减至最小,并采用满足本条(4)所要求的隔热结构。

(2)锂离子蓄电池舱(室)内的蓄电池箱(柜)或蓄电池包,与舱壁及上方甲板之间应留有足够的空间以利于锂离子蓄电池通风散热,与舱壁的间距应不小于150 mm,距上方甲板应不小于500 mm,距离下方甲板应不小于50 mm。

(3)锂离子蓄电池箱(柜)、锂离子蓄电池包应固定牢靠,并尽可能远离船舶舷侧及机器运动部件,与船体外板的距离应不小于500 mm,避免碰撞的影响。

(4)锂离子蓄电池舱(室)与相邻处所限界面的耐火完整性应达到"H-60"级标准,限界面上的开口和贯穿应采取相应的措施确保限界面的耐火完整性。

### (二)通风和散热系统

蓄电池舱设置的动力通风系统应满足下列要求:
(1)通风导管应采用钢或其他等效材料制成。
(2)通风系统的布置应使蓄电池舱的所有空间均能得到有效通风。

（3）每一蓄电池舱的通风系统应独立，并与其他舱室通风系统完全分开。

（4）对于船长 20 m 及以上的船舶，蓄电池舱的通风导管不得穿过起居处所、服务处所、控制站、机器处所、滚装处所、车辆处所、特种处所或其他蓄电池舱。如满足 5.2.2.1（6）的要求，则蓄电池舱的通风导管可穿过起居处所、服务处所（厨房除外）、控制站、机器处所或其他蓄电池舱。

（5）对于船长 20 m 及以上的船舶，起居处所、服务处所、控制站、机器处所、滚装处所、车辆处所或特种处所的通风导管不得穿过蓄电池舱。如满足 5.2.2.1（6）的要求，则起居处所、服务处所（厨房除外）、控制站或机器处所的通风导管可穿过蓄电池舱。

（6）上述（4）和（5）准许的导管应满足以下要求：

①导管为钢质，如其宽度或直径为 300 mm 及以下，所用钢板厚度至少为 3 mm；如其宽度或直径为 760 mm 及以上，所用钢板厚度至少为 5 mm；如其宽度或直径在 300 mm 和 760 mm 之间，所用钢板厚度按内插法求得。

②导管有适当的支承和加强。

③在靠近导管穿过的限界面处设有自动挡火闸。

④从其服务处所的边界到每个挡火闸以外至少 5 m 范围内隔热至"A-60"级标准。

⑤导管有适当的支承和加强。

⑥在其穿过的所有处所均按"A-60"级标准隔热，但穿过空舱、卫生间及类似处所等极少或无失火危险的处所的导管除外。

（7）通风口应有防止水和火焰进入的措施，进风口应远离出风口。

（8）驾驶室应设有显示所要求的通风能力任何损失的装置。

（9）应设有可从蓄电池舱外的安全位置关闭动力通风系统的装置。

### （三）蓄电池舱应急排气系统

对于设有安全等级为 2 的蓄电池的每一舱室，应设置独立的应急排气系统，以便及时排出蓄电池在热失控情况下产生的可燃气体。当探测到舱室内可燃气体浓度大于其爆炸下限（体积分数）的 20% 时，应自动启动应急排气系统。从风机排出的气体应引至开敞甲板上的安全地点，并远离有人居住或含有热源的处所，同时远离其他处所的进风口至少 3 m。

应急排气量应按该处所换气次数不小于 30 次/h 进行计算。应急排风机应采用不会产生火花的形式。应急排气管应由钢或其他等效材料制造，管路贯穿的细节应满足通风系统的相关要求。

应急排气系统应由两路电源供电，其中一路应由其服务区域以外的其他电源系统供电。供电时间满足相应规范对应急电源供电时间的要求。

至少应设有两个能切断蓄电池舱风机的控制装置，其中之一必须设置在蓄电池舱出口处外面。

如果通风系统兼作应急排气系统，该通风系统应同时符合上述要求。

### （四）探火与报警

（1）锂离子蓄电池舱应安装固定式探火和失火报警系统。该类探火系统的设计和探测器的安装，应在蓄电池舱的任何部位以及在电池工作的正常状况和环境温度范围内所需的通风变化下，当开始发生火灾时能迅速地探出火灾征兆。蓄电池舱内不仅应设置感温探测器，还应设置感烟探测器和可燃气体探测器。火灾探测器应适用于电池热失控所释放可燃气体与空气混合形成的爆炸性气体环境。所设置的探测器应为适用于危险区域的型式。

（2）蓄电池舱的固定式探火和失火报警系统应能远程逐一识别每一探测器。当系统不具备识别单个探测器的功能时，每个探测器应设置成独立的环路。

（3）固定式探火和失火报警系统应由两路供电。其中一路应由其服务区域以外的电源供电，供电时间满足相应规范对应急电源供电时间的要求。

（4）安装有安全等级为2的蓄电池舱，应设置独立的可燃气体探测装置。该可燃气体探测装置在探测到蓄电池舱内可燃气体浓度大于其爆炸下限（体积分数）的20%时，应就地、在驾驶室及其他船舶经常有人值班处所发出听觉和视觉报警，同时自动启动应急排气系统，并对蓄电池舱内所有非防爆型电气设备断电。

## （五）灭火系统

### 1.一般要求

（1）对于设有水灭火系统的船舶，应在蓄电池舱或开敞甲板上蓄电池箱（柜）附近至少配备2支水柱/水雾两用型的水枪。应有措施保证当任一蓄电池舱或蓄电池箱（柜）失火时消防泵仍能正常工作。消火栓应设在船上适当位置，避免蓄电池舱或蓄电池箱（柜）的失火导致船员无法接近。应充分考虑应对蓄电池火灾所产生的大量水的排放，而不至于影响船舶稳性。

（2）对于未设置水灭火系统的船舶，应在蓄电池舱或开敞甲板上蓄电池箱（柜）附近至少备有2只带适当长度绳子的消防水桶，船上已配备消防水桶的除外。

### 2.蓄电池舱固定式灭火系统

（1）锂离子蓄电池舱（室），应设有下列固定式灭火系统之一：

①适用于机器处所和货泵舱的七氟丙烷灭火系统（如图5-6所示），其容量按该处所总容积的9%进行设计。

②二氧化碳灭火系统（如图5-7所示），其容量应按该处所总容积的40%进行设计。

③适用于机器处所和货泵舱的压力水雾灭火系统，其出水率按 $5\ L/m^2 \cdot min$ 进行设计，喷嘴至锂离子蓄电池顶部的距离应不小于 0.5 m。

（2）应按照如下要求配备手提式灭火器：

①应至少配备4具容量至少为5 kg的手提式七氟丙烷或二氧化碳灭火器，其中应有1具设在该处所入口外附近。

②对于甲板面积小于 $4\ m^2$ 的锂离子蓄电池舱（室），可用足够数量的手提式七氟丙烷或二氧化碳灭火器代替固定式灭火系统。在蓄电池舱的舱壁上应设有喷放孔，便于人员使用灭火器对内释放灭火剂。所要求的手提式灭火器应存放在距喷放孔 2 m 之内。

③布置在开敞甲板上或其他处所内的锂离子蓄电池箱（柜），应在其附近至少设置4具容量至少为5 kg的手提式七氟丙烷或二氧化碳灭火器。在电池箱（柜）上应设有喷放孔，便于人员使用灭火器对内释放灭火剂。

**图 5-6　七氟丙烷灭火系统**

**图 5-7　二氧化碳灭火系统**

## （六）脱险通道

（1）蓄电池舱的门应保持关闭,当开启时应在有人值班的处所发出报警;或采用自闭门,该门应为向外开启。

（2）对于人员可进入的蓄电池舱,其脱险通道的设置应符合主管机关对非 A 类机器处所(海船)或其他机器处所(内河船)脱险通道设置的相关规定。

（3）对于人员可进入的蓄电池舱,当采用梯道用作脱险通道时,应为钢质材料且倾斜角不应大于65°,出入口及梯道净宽度应至少为 600 mm。对于净空高度在 2 m 以下的蓄电池舱,可采用直梯。

## 三、操作训练

### （一）火灾种类识别

根据可燃物的类型和燃烧特性，火灾分为 A、B、C、D、E、F 六类。

A 类火灾：固体物质火灾。这种固体物质通常具有有机物质的性质，一般在燃烧时能产生灼热的余烬，如木材、煤、棉、毛、麻、纸张等火灾。

B 类火灾：液体或可熔化的固体物质火灾，如煤油、柴油、原油、甲醇、乙醇、沥青、石蜡等火灾。

C 类火灾：气体火灾，如煤气、天然气、甲烷、乙烷、丙烷、氢气等火灾。

D 类火灾：金属火灾，如钾、钠、镁、铝镁合金等火灾。

E 类火灾：带电火灾，即物体带电燃烧的火灾。

F 类火灾：烹饪器具内的烹饪物（如动植物油脂）火灾。

### （二）火灾探测器的功能试验

船舶火灾探测器有感烟式、感温式和可燃气体探测器几种类型。需要按照要求对系统进行周期性检查及开展维护保养工作，定期对探测器进行功能试验，确保探测器工作正常。

#### 1.感烟式探测器的功能试验

如图 5-8 所示，可采用专用的试验器材测试感烟式探测器的工作情况，看其能否正常监视火情，发出报警信号。

图 5-8　感烟式探测器的功能试验

#### 2.感温式探测器的功能试验

通常采用感温式探测器的专用测试工具，如加热枪或加热电吹风对其进行功能试验。用加热枪时应将加热面与探头集热金属片接触，用电吹风时风筒应距离金属片约 3 cm。探测器的报警确认灯应点亮，并保持至被复位。此时探测器应输出火灾报警信号，火灾报警控制器应接收火灾报警信号并发出火灾报警声光信号，显示发出火灾报警信号的探测器的地址信息。

#### 3.可燃气体探测器的功能试验

通常采用专用气体测试工具对可燃气体探测器进行功能试验，以确认可燃气体探测器及声光报警装置工况是否良好；同时可核查可燃气体探测器与应急风机的联锁功能是否正常

（可燃气体探测器的报警被激发后,应急风机将自动启动）。

### （三）移动式灭火装置和固定式灭火装置的操作

#### 1.移动式灭火装置的操作
（1）手提式泡沫灭火器

手提式泡沫灭火器[见图5-9(a)]内有两个容器,分别盛放两种液体,即硫酸铝和碳酸氢钠溶液,分别放置在内筒和外筒中。内筒中为硫酸铝,外筒中为碳酸氢钠,两种溶液互不接触,不发生任何化学反应。当需要手提式泡沫灭火器时,将灭火器倒立,两种溶液混合在一起,就会产生大量的二氧化碳气体。平时千万不能碰倒泡沫灭火器。

除了两种反应物外,泡沫灭火器中还加入了一些发泡剂。发泡剂能使手提式泡沫灭火器在打开开关时喷射出大量二氧化碳气体和泡沫,这些二氧化碳气体和泡沫能黏附在燃烧物品上,使燃着的物质与空气隔离,并降低温度,达到灭火的目的。由于手提式泡沫灭火器喷出的泡沫中含有大量水分,它不如二氧化碳液体灭火器,后者灭火后不污染物质。

手提式泡沫灭火器适用于扑救一般B类火灾,如油制品、油脂等火灾,也适用于扑救A类火灾,但不能扑救B类火灾中的水溶性可燃、易燃液体火灾,如醇、酯、醚、酮等物质火灾,也不能扑救带电设备及C类和D类火灾。

在扑救可燃液体火灾时,如已呈流淌状燃烧,则应将泡沫由近及远喷射,使泡沫完全覆盖燃烧液面;如在容器内燃烧,则应将泡沫射向容器的内壁,使泡沫沿着内壁流淌,逐步覆盖着火液面。切忌直接对准液面喷射,以免由于射流的冲击,反而将燃烧的液体冲散或冲出容器,扩大燃烧范围。在扑救固体物质火灾时,应将射流对准燃烧最猛烈处。灭火时随着有效喷射距离的缩短,使用者应逐渐向燃烧区靠近,并始终将泡沫喷在燃烧物上,直到扑灭。使用时,泡沫灭火器应始终保持倒置状态,否则会中断喷射。

手提式泡沫灭火器的使用方法:先将瓶顶白帽取下,压下安全销,将瓶体倒过来,晃动瓶内液体,然后对着火焰喷射,使泡沫覆盖火焰。注意事项:提取要平稳,防止两种药液混合;灭火器倒置后,若没有泡沫喷出,应将筒身平放于地上,疏通喷嘴,切不可旋开筒盖,以免筒盖飞出伤人。

使用中需注意手提式泡沫灭火器不可用于扑灭带电设备火灾,否则将威胁人身安全。

（2）手提式干粉灭火器

手提式干粉灭火器[见图5-9(b)]是利用二氧化碳气体或氮气作为动力,将瓶内的干粉喷出灭火的。干粉是一种干燥的、易于流动的微细固体粉末,由能灭火的基料和防潮剂、流动促进剂、结块防止剂等添加剂组成。

手提式干粉灭火器适用于扑救易燃、可燃的液体、气体及带电设备的初起火灾,以及某些不宜用水扑救的火灾,还适用于扑救固体类物质的初起火灾,不适用于扑救轻金属火灾。

①手提式干粉灭火器的使用方法

在灭火时,将手提式干粉灭火器提到起火地点。一只手握住喷嘴对准火焰根部,另一只手拔出保险销,用力压下压把,干粉在气体的压力下由喷嘴喷出,形成浓云般的粉雾而使火熄灭。扑救地面油火时,要平射并左右摆动,由近及远快速推进。

　　a.拔掉安全销;

　　b.将喷射管对着火焰;

　　c.压下释放板释放。

②使用手提式干粉灭火器的注意事项

a.使用手提式干粉灭火器之前,要查看压力表。压力表分为红、绿、黄三个区域。红区表示压力过低,应及时补充或调换;绿区表示压力正常,可以正常使用;黄区表示压力过高(与灭火器环境有关)。

b.因射程和喷射时间有限,灭火时要选准距离和角度,尽量接近火源,掌握好灭火方向和角度。

c.干粉几乎没有冷却作用,要防止复燃。

d.干粉灭火后往往有残留物,要注意防止损害精密仪器。

e.手提式干粉灭火器存放环境温度为$-10\sim450$ ℃,不得受到烈日暴晒、接近火源或受到剧烈振动。必须经常保持干燥,严防干粉受潮结块。使用手提式干粉灭火器时,要多上下颠倒几次,使干粉预先疏松以易于喷出,达到灭火的目的。

f.在压力正常情况下,手提式干粉灭火器使用期限不可超过5年,满5年后每隔2年应进行2.6 MPa 的水压试验。

g.手提式干粉灭火器一经开启即应进行重新充装。

(3)手提式二氧化碳灭火器

手提式二氧化碳灭火器如图5-9(c)所示。

①手提式二氧化碳灭火器的灭火原理

在加压时将液态二氧化碳压缩在小钢瓶中,灭火时再将其喷出,有降温和隔绝空气的作用。在使用时,应首先将灭火器提到起火地点,放下灭火器,拔出保险销,一只手握住喇叭筒根部的手柄,另一只手紧握启闭阀的压把。对于没有喷射软管的手提式二氧化碳灭火器,应将喇叭筒往上扳70°~90°。使用时,不能直接用手抓住喇叭筒外壁或金属连接管,防止手被冻伤。在使用手提式二氧化碳灭火器时,在室外使用的,应选择上风方向喷射;在室内窄小空间使用的,灭火后操作人员应迅速离开,以防窒息。

②手提式二氧化碳灭火器的适用范围

手提式二氧化碳灭火器具有喷射率高、不腐蚀容器和不易变质等优良性能,主要用于扑救图书、档案、贵重设备、精密仪器、600 V 以下电气设备及油类的初起火灾。

手提式二氧化碳灭火器适用于扑救一般 B 类火灾,如油制品、油脂等火灾,也可适用于扑救 A 类火灾,但不能扑救 B 类火灾中的水溶性可燃、易燃液体火灾,如醇、酯、醚、酮等物质火灾,也不能扑救带电设备及 C 类和 D 类火灾。

③手提式二氧化碳灭火器的使用方法

a.拔掉安全销;

b.将喷射管对着火焰根部;

c.压下释放板释放。

④使用手提式二氧化碳灭火器的注意事项

a.戴好棉手套防冻伤,动作迅速,喷射要连续防复燃;

b.切不可将灭火器倒置使用,不要站在下风使用,使用时应注意喷射方向;

c.由于灭火器有一定喷射距离,喷口离火焰太近或太远都不能发挥作用,一般喷口应与火焰距离 3 m 左右。

（a）手提式泡沫灭火器　　　（b）手提式干粉灭火器　　　（c）手提式二氧化碳灭火器

图5-9　手提式灭火器

（4）手提式灭火器选用注意事项

①带电火灾不能用水直接扑灭,因为可能触电或者对电气设备造成极大损害,应选用磷酸铵盐干粉、二氧化碳灭火器。

②对于油脂类、酒精类火灾,因为油、酒精比水轻,前者会浮在水面上,增大燃烧面积从而增加损失,油滴喷溅还会灼伤皮肤。因此,扑灭油脂类、酒精类火灾应采用空气隔离法,用身边的物体,如锅盖等立即将燃烧物盖住,以达到隔离空气的效果。

③气体燃烧一般应选用干粉、二氧化碳灭火器。

④金属类火灾一般选用干沙或者泥土覆盖。

**2.固定式灭火装置的操作**

船上常用的固定式灭火装置为大型二氧化碳灭火系统,如图5-10所示。机舱失火时,应立即采取人员扑救的措施灭火,如无效果,应采取用二氧化碳封舱的方法灭火:

（1）船长下达对机舱采取用二氧化碳封舱的方法灭火的命令后,应立即发出警报,撤出机舱内所有人员。

（2）到消防控制站或二氧化碳室,打开二氧化碳释放箱的门,此时警报响起,同时机舱内所有通风系统停止运行。

（3）立即关闭机舱的防火门、窗,对机舱实施风、油切断。

（4）拉下二氧化碳释放箱内两个球阀的手柄。

（5）逆时针旋转打开释放箱内任何一只控制瓶的阀。

（6）此时系统已启动,延时装置将延缓二氧化碳瓶头阀的动作,预定时间延时后,二氧化碳气体排放到机舱内。

（7）检查要求数量的二氧化碳瓶和主阀是否打开,如果没有打开,使用手动操作手柄进行手动操作。

注意:执行该操作之前应确认所有的人离开机舱,尽可能关闭机舱内所有机器,关闭通往机舱所有的门、通风和开口。

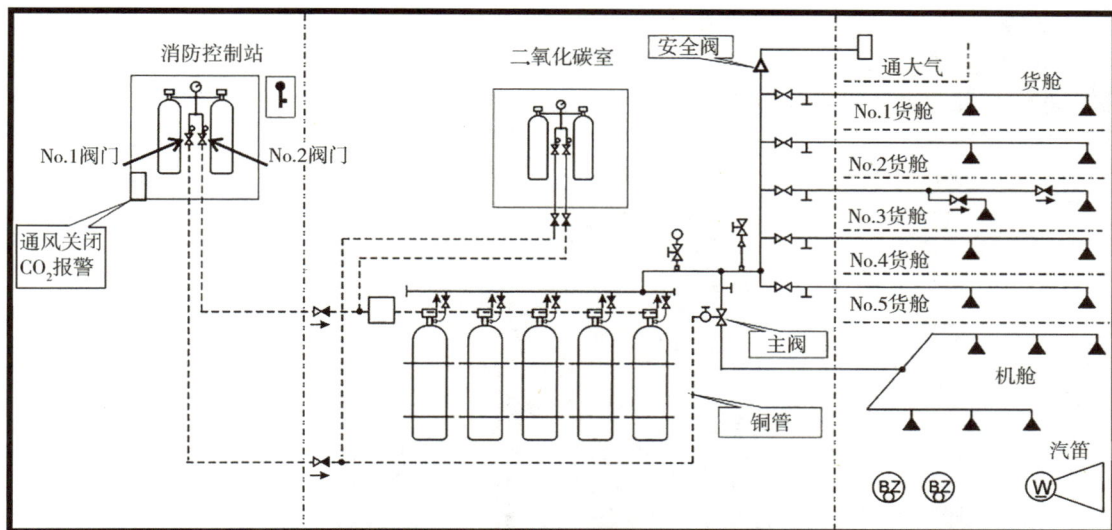

图 5-10　大型二氧化碳灭火系统

## （四）七氟丙烷灭火系统

### 1.七氟丙烷灭火系统的组成

七氟丙烷（HFC-227ea）是一种以化学灭火为主，兼有物理灭火作用的洁净气体化学灭火剂，属于多氟代烷烃。它无色、无味、低毒、不导电、不污染被保护对象，不会对财物和精密设施造成损坏。

七氟丙烷目前是一种受控的灭火介质，现有船上还在继续使用。在新的替代品技术成熟后，船舶可根据实际使用情况予以更新。

电池动力船舶箱式电源根据规范的要求，需设有储能集装箱灭火装置。该灭火装置能够实现在储能集装箱内部发生火灾时自动控制释放气体灭火，有效地防止和预防储能集装箱火灾的发生。储能集装箱灭火装置使用的灭火剂有七氟丙烷、全氟己酮、热气溶胶、水喷淋等多种形式，船上使用较多的是七氟丙烷灭火系统。

储能集装箱七氟丙烷灭火系统有内贮压式和外贮压式两种类型。内贮压是指灭火剂在气体瓶组内用惰性气体进行加压储存，系统动作喷放灭火剂时，靠瓶组内的充压气体进行灭火剂的输送；外贮压是指系统动作喷放灭火剂时，由专门设置的充压气体瓶组按设计压力对灭火剂进行加压输送。

如图 5-11 所示，七氟丙烷灭火系统由七氟丙烷储存瓶组、容器阀、驱动瓶组（氮气）、电磁驱动装置（电磁阀）、选择阀、单向阀、泄压安全阀、集流管等部件组成。

（1）容器阀：一般容器阀安装在灭火剂的储存瓶上，具有检查泄漏、充装灭火剂以及释放灭火剂的作用。除了容器阀以外还设有单向阀，其作用是将灭火剂管路接通在集流管上，防止灭火剂返流；在储气瓶上还设有泄压安全阀，其作用是防止灭火剂因意外产生巨大压力而爆炸。

（2）选择阀：当七氟丙烷灭火装置组合成分配系统即七氟丙烷灭火系统时需要设置选择阀，用以引导灭火剂流向对应的保护区。在选择阀的管道上设有信号反馈装置，当灭火剂通过时发出信号反馈至声光报警器或控制中心。

（3）集流管：汇集多个容器的灭火剂，再经主干管将其输送至保护区的汇流管路。

（4）电磁驱动装置：当发生火灾报警时，按照灭火控制指令，向电磁驱动装置发送信号控制容器阀打开。该装置还具有机械启动功能，在自动装置发生故障时能实现手动紧急启动。

**图 5-11　七氟丙烷灭火系统的组成**

### 2.七氟丙烷灭火系统的启动方式

七氟丙烷灭火系统有三种启动方式，分别是自动启动、电气手动启动和机械应急手动启动。

（1）自动启动

灭火报警控制器一般需配有两种不同类型的火灾探测器。控制主机上有"自动"和"手动"转换功能（也可在防护区外单独设置转换开关），当将其置于"自动"位置时，灭火系统处于自动状态。

当只有一种探测器发出火灾信号时，控制主机启动室内声光报警器，通知火灾发生，但并不启动灭火装置。

当两种探测器发出火灾信号时，控制主机启动室内外声光报警器，联动关闭防护区开口，进入灭火启动延时；达到设定的延时时间后，自动启动灭火系统，发出灭火指令，打开电磁驱动装置控制灭火剂容器阀开启，释放灭火剂，实施灭火。

如在喷放延时过程中发现不需要启动灭火系统，可按下防护区外或控制器上的"紧急停止"按钮，终止灭火指令，在设定的延时时间内有效。

（2）电气手动启动

当转换开关置于"手动"位置时，灭火系统处于手动状态。在手动状态下，探测器发出火灾信号，控制主机启动室内外声光报警器，通知火灾发生，但并不启动灭火系统。此时按下防护区外或控制器上的"紧急启动"按钮，可以启动灭火系统，释放灭火剂，实施灭火。

注意：无论控制主机处于自动还是手动状态，按下"紧急启动"按钮，都可启动灭火系统。

（3）机械应急手动启动

机械应急手动启动方式用于火灾报警控制系统失效时。当自动和电气手动启动均失效且值守人员判断发生火灾时，应立即通知现场所有人员撤离现场。在确定所有人员撤离现场后，可按以下步骤实施机械应急操作：

①手动关闭联动设备，并切断电源。

②拔出相应防护区启动瓶电磁驱动器上的机械应急启动保险销，按下"机械应急启动"按钮，电磁驱动器打开启动瓶释放启动气体，启动灭火系统。

储能集装箱七氟丙烷灭火系统需按照生产厂家的要求进行维护保养：

①检查维护人员必须熟悉装置的工作原理、性能参数、动作程序，以及各阀件的结构原理、拆装工艺。

②在检查时，当发现启动钢瓶充装氮气压力和灭火剂储存瓶充装压力的指示值低于设计值的90%时，需要查明原因并进行重新充压。

③日常应做好装置的维护保养工作。每季度应检查一次灭火剂的重量，凡灭火剂净重比充装量减少5%以上的，应查明泄漏原因并排除，再重新充装。

④每年应对装置各阀件进行维护和检查。各阀件启动正常，无异常现象方可继续使用。

⑤每年应检查储存瓶的支撑情况是否良好，管道的吊架、挂钩及压板是否稳固。

⑥每年应对管道、喷嘴用压缩空气（或氮气）进行一次吹除，吹除时可分段进行。

⑦每五年应对连接管进行8.0 MPa的水压强度试验和5.3 MPa的气密性试验，性能合格方可继续使用。如发现老化，应更换后再用。

⑧每五年应对管道系统进行一次强度试验和气密性试验，试验压力按设计要求。

⑨每五年应对管道阀件及启动瓶组件进行拆洗重装，并重新试验。

⑩灭火装置启用后，应送岸进行复位（主要是充气），使其工作正常，方可继续使用。

### 3.七氟丙烷灭火系统常见故障诊断和排除

（1）电磁容器阀不动作

故障现象：按下释放启动按钮后，电磁容器阀不动作。

原因分析：无开启电信号或电信号太弱；连接线路断路；电磁容器阀损坏。

排除方法：检修电信号；检修线路；修复电磁容器阀。

（2）储液瓶压力下降

故障现象：进行储液瓶压力和称重检测时，发现储液瓶压力下降了10%或灭火剂净重减少了5%以上。

原因分析：说明储液瓶有泄漏。

排除方法：检查并排除泄漏，及时补充灭火剂。

（3）无释放信号反馈

故障现象：在释放灭火剂和进行调试时，系统无释放信号反馈。

原因分析：信号反馈线路故障；信号反馈装置未复位；信号反馈装置损坏。

排除方法：检修线路；检修复位信号反馈装置；更换信号反馈装置。

（4）气动启动器不动作

故障现象：在释放灭火剂时，储液瓶的气动启动器不动作。

原因分析：启动管路有泄漏；气动启动器不动作。

排除方法：检查启动管路；检查气动启动器。

（5）手动操作释放启动器不动作

故障现象：在进行手动应急释放时，按下储液瓶容器阀的释放启动器手柄，容器阀未能打开。

原因分析:保险销(卡)未拆除;释放启动器已损坏。

排除方法:先拔下保险销(卡),然后再按下释放启动器手柄;修复释放启动器。

注意:灭火过程中需全程戴防毒面具等防护设备。

## 四、电池动力船舶灭火程序与基本原则

### (一)灭火原则

根据燃烧原理,灭火就是破坏一个或几个燃烧要素,如减少可燃物、切断氧气(空气)、冷却燃烧的物体以及抑制链式反应,这些都是十分有效的灭火方法。

船舶一旦发生火情,各船员要按照消防部署所确定的职责迅速奔赴自己的岗位,在开展自救灭火的同时,要尽快报告船公司和海事管理机构,以便及时得到外部救助,并保持通信畅通;听从指挥人员的指挥,保持沉着、冷静,寻找火源,判断火灾种类,确定正确有效的灭火方法和措施扑灭火灾。

火灾事故的处置应以就地、就近处置为原则。但对于船舶在码头发生火灾事故需要驶离到外面水域处置,或船舶在码头外发生火灾事故需要靠泊码头进行处置的情况,需根据实际状况考虑、处理。

消防的指导思想是:

(1)救人第一,救人重于救火。

(2)速战速决,争取在火灾发展的初期阶段将其消灭;采取措施控制火势,消灭火灾。

(3)集中力量,彻底灭火。首先,快速将消防装备器材集中到火灾现场;其次,集中灭火力量于火的主攻方向;再次,运用灭火战术,对火势实施有效的控制,抓住灭火的有利时机,彻底消灭火灾。

### (二)灭火程序

船舶火灾大致发生在以下几个场所:机舱、货舱、船员居住室、油漆间、物料间。根据不同着火部位,船员们在灭火时应从实际出发,当机立断采取不同的灭火程序,有效地扑灭火灾。

#### 1.一般灭火作业

(1)发现

发现火灾时,应确定其类型与地点,以及该处所在防火控制图上的位置。

(2)报警

①就近启动火警警铃,向全体船员发出火灾警报。

②通过公共广播系统通知船员发生火灾的位置。

(3)人员按应变部署表到指定集合地点待命。

(4)指挥系统确认,在驾驶室和消防控制站与灭火现场建立指挥通信。

(5)点名。

(6)启动所有必需的灭火系统,如水灭火系统、固定式大型灭火系统等。

(7)通知附近船舶和岸上主管当局,通知内容包括:火灾种类、损害情况、具体救助要求、要求的设备与器材。

(8)控制火势并阻止火势的蔓延以将损失降低。确定失火区域在防火控制图上的准确位

置。布置船员对失火区域周围进行降温。停止或关闭通风筒、电源、门、舱盖以及运转中的机器。

（9）灭火：做好保护工作（防止灭火人员被烟雾、火焰及热浪伤害）和火灾扑灭后的工作（查明原因，妥善处理燃烧物、火灾区域恢复、防止复燃）。

### 2.机舱

机舱的特点是有大量的油品，并且温度高，航行时风机不断地向外部排热，一旦发生火灾，将以很快的速度蔓延，油火产生高热或爆炸。

（1）初始火灾灭火程序

值班人员或工作人员发现火情，立即到达火情现场周围的报警点，按下报警按钮报警。值班人员迅速利用在火情附近场所设置的灭火器进行扑救，其他消防人员进入现场共同灭火，直至将火扑灭。清理现场，防止死灰复燃。

无人值班机舱：值班人员听到报警后，立即进入机舱查找火源，如火势不大，采用有人值班机舱灭火程序。

（2）火势较大灭火程序

在航行中如果机舱发生火灾，值班人员到现场判断火灾无法扑灭，或利用火场附近灭火器扑救，在无效后：

①值班人员应立即使用火场附近设置的手按式报警器报警，再撤离到集控室里用电话向驾驶室值班人员报告火灾位置、火势。

②驾驶室值班人员按响火警警铃，或用广播通报火灾位置。

③机舱值班人员启动应急消防泵后，戴好紧急逃生呼吸装置，迅速撤离机舱。

④全体船员按照应变部署表所列各自职责在机舱入口附近集合。

⑤值班人员撤离出机舱后，立即向现场指挥报告火源的位置、火势、火的种类。

⑥现场指挥马上向总指挥报告。

⑦如需使用固定式大型灭火系统，则应由总指挥下达命令，机舱里人员全部撤出，封闭所有通往机舱的门、天窗及烟囱挡板，切断电源、油路速闭阀、风机、通风筒挡火闸等。

⑧做完以上各种动作后，清点人员。人员齐全后，命令启动固定式大型灭火系统。

⑨指定人员启动固定式大型灭火系统向机舱里释放灭火剂。

⑩释放后现场指挥指派专人对机舱的各个封闭的门、窗部位进行全面检查，确保灭火效果。

⑪现场指挥指派专人对机舱四周舱壁进行检查，如舱壁发热，可用消防水喷淋降温。

⑫做好施放救生艇准备后待命，以防火势失去控制，为弃船做好准备。

⑬如各种迹象表明火灾已被扑灭，应派探火员进入机舱探火。探火员如发现有余火，应马上用机舱里的灭火器扑灭；如证实火已被扑灭，应立即离开机舱并向现场指挥报告火已被扑灭。

⑭现场指挥可根据实际情况命令船员打开封闭的门窗进行自然通风。

⑮经大约半小时后，探火员应携带测氧仪进入机舱测试，如氧气含量正常，组织人员下机舱清理现场，并进行机械通风。

⑯一切恢复正常后，解除警报。

（3）火势不大但烟雾浓度很大时的灭火程序

在无人机舱里，火警警报响起后，值班人员一般会首先进入机舱观察情况。当打开机舱门发现烟雾很浓，看不到火情时，值班人员还要判断机舱里的温度是否有明显增高，如温度明显增高，则说明火势比较大；如温度没有明显变化，则说明火势不大。

①探火员进入机舱探火。

②探火员如发现火势较小，可迅速利用在火场附近设置的灭火器进行扑救，直至将火扑灭。

③如发现火势较大，难以用周围灭火器材扑灭火灾，应马上撤离火场并向现场指挥报告火源的位置、火势、火的种类。

④现场指挥马上向总指挥报告。

⑤如需使用固定式气体灭火系统，则应由总指挥下达命令，机舱里人员全部撤出，封闭所有通机舱的天窗及防火挡板，切断电源、油路速闭阀、风机、通风筒挡火闸等。

⑥做完以上各种动作后，清点人员。人员齐全后，命令启动固定式大型灭火系统。

⑦指定人员启动固定式大型灭火系统向机舱里释放灭火剂。

⑧释放后现场指挥指派专人对机舱的各个封闭部位进行全面检查，确保灭火效果。

### 3.电动船灭火程序

（1）人员迅速疏散，撤离到安全区域。根据风向调整船头的朝向，以免有毒气体吹到人群集中位置。根据现场情况拨打报警电话。

（2）在保证人身安全的情况下，有条件的可进行如下操作：

①若消防控制室起火，按下急停开关，断开日用 AC 220 V 和 DC 24 V 电源，使用灭火器对相应部位进行喷射灭火。

②若电池舱室起火，按下急停开关，断开日用 AC 220 V 和 DC 24 V 电源，然后集装箱上消防设施联动，使用集装箱上配套消防设施进行灭火。

③当电池发生火灾时，可以按相应集装箱式移动电源风油切断按钮进行电源空调的切断，如图 5-12 所示。

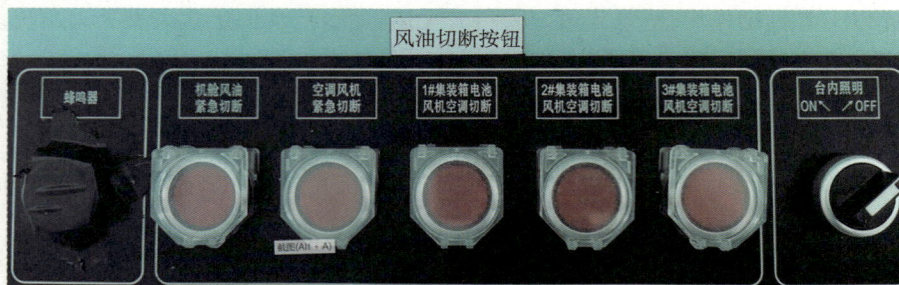

图 5-12　集装箱式移动电源风油切断按钮

④若不慎吸入浓烟，请尽快转移并就医。

⑤失火时，不要打开锂电池集装箱门。

### 4.逃生和组织营救

（1）火场逃生

船员被火困住后，应沉着冷静，不要慌乱，视当时处境决定用何种方法从火场自救逃生。

①根据本船实际情况确定走出火场的路线。

②若条件许可,可在撤退时,边灭火边撤退。

③在走出火场时,应沿舱壁行走,且保持低姿势。

④走时以湿毛巾掩住口鼻。

⑤如船长已决定弃船,还应携带救生衣,除非万不得已,否则不要从舷窗逃生。

(2)火场组织营救

船舶内部通道都较为狭窄,如果发生火灾,首先应救助和疏散人员,将人员转移至援救船上或岸上,确保遇险船上人员安全。

火场搜寻方法包括主动喊叫、查看、细听、触摸、搜索(门后、楼梯、四周等)。

火场的救助方法有:

①徒手救人:用背、抱、抬的方式使遇险人员脱离危险现场。

②使用安全绳救人:单绳套救人、双绳套救人。

③使用毛毯救人:将人用毛毯裹住,拉住其头部下面的毛毯,躬身将他拉出火场。

救护人员的主要职责就是保护伤员避免遭到其他伤害,改善威胁生命的环境,处理小伤并保持伤员稳定,直至得到医疗救助。

救护人员的任务包括以下几个方面:

①转移伤员离开危险场所;

②在转移伤员之前,消除威胁生命的危险和固定其受伤部位;

③转移伤员应采用防止受伤部位再受伤的方式;

④在伤员被转移时,做好基本生命保障;

⑤观察并保护伤员直至医务人员来接收为止;

⑥遵照医嘱小心护理。

在火灾事故不断扩大、无法控制,或救援行动严重威胁人员安全的情况下,应考虑中止救援行动。


# 五、值班与应急处置

## (一)船舶安全值班一般要求

### 1.一般要求

(1)船舶所有人、经营人、管理人和船长应当编制船舶值班制度,将其公示在船舶的显著位置,并要求全体船员遵守执行。

(2)船长应当安排合格船员值班,明确值班船员的职责。值班安排应当符合保证船舶、货物、人员安全及保护水域环境的要求,考虑值班船员的资格和经验,根据情况合理安排值班船员,并保证值班船员得到充分休息,防止疲劳值班。

(3)内河货船在航行中的驾驶值班安排应当符合以下要求:

①3 000 总吨及以上的内河货船,驾驶值班每班至少 2 人,其中至少 1 人是船长或者大副、二副、三副。

②1 000 总吨至 3 000 总吨的内河货船,驾驶值班每班 1 人须是船长或者大副、二副、三副。夜间及能见度不良时,需增配 1 名普通船员;未满 1 000 总吨的内河货船,驾驶值班每班至少 1 名船长或者驾驶员。内河货船在航行中的轮机值班安排应当符合以下要求:

a.500 kW 及以上的内河货船,轮机值班每班至少 1 人须是轮机长或者大管轮、二管轮、三管轮;

b.未满 500 kW 的内河货船,轮机值班每班至少 1 名值班船员。

③内河客、渡船在航行中的驾驶值班安排应当符合以下要求:

a.1 000 总吨及以上的内河客、渡船,驾驶值班每班至少 2 人,其中至少 1 人是船长或者大副、二副、三副;

b.300 总吨至 1 000 总吨的内河客、渡船,驾驶值班每班至少 1 名船长或者驾驶员,夜间及能见度不良时,需增配 1 名普通船员;

c.未满 300 总吨的内河客、渡船,驾驶值班每班至少 1 名船长或者驾驶员。

内河客、渡船在航行中的轮机值班安排应当符合以下要求:

a.500 kW 及以上的内河客、渡船,轮机值班每班至少 1 人须是轮机长或者大管轮、二管轮、三管轮;

b.未满 500 kW 的内河客、渡船,轮机值班每班至少 1 名轮机长或者轮机员。

(4)船舶停泊时应当留有足以保证船舶安全的船员值班,确保满足应对可能发生的紧急情况的需要。其中,1 000 总吨及以上的货船和 300 总吨及以上的客船停泊时,应当各留有 1 名航行班的驾驶人员和轮机人员值班。

(5)值班船员对船舶安全负责,但不免除船长的安全责任。

(6)船员在值班期间不得被安排影响其值班的其他工作。

(7)值班船员应当遵守下列驾驶室和机舱资源管理要求:

①值班船员应当正确接收和处置气象、水文、周围船舶动态等与航行安全有关的信息;

②值班船员应当保持通信沟通联络有效畅通;

③值班船员对值班安全产生怀疑时,应当立即告知船长、轮机长、负责值班的高级船员;

④值班船员应当按照要求记录值班期间发生的重要事项。

(8)船长应当根据航次任务做好开航准备工作,包括备好本航次所需的燃料、备品等。3 000 总吨及以上的内河货船和 300 总吨及以上的内河客船应当制订航行计划。航行计划至少应当包括和考虑出发港、目的港、航程、连续航行时间限制、航经水道、重要桥梁、交通管制区、天气情况等事项和要素。

(9)船长应当对值班情况进行监督检查,及时发现并纠正船员的不良操作行为。在遇到能见度不良、恶劣天气、航行条件复杂等可能影响船舶安全的情形时,船长应当亲自操纵船舶或者监督航行。

(10)值班船员应当按规定升降国旗,正确显示号灯、号型和旗号,不得擅离岗位,不得从事与值班无关的事项。

(11)值班船员应当按规定填写航行日志、轮机日志等法定文书。船长、轮机长应当按规定进行审核并签名。

船舶航行和作业期间,舱面人员进行临水作业时应当规范穿着救生衣。

(12)严禁船员酗酒,值班船员在值班前 4 h 内及值班期间禁止饮酒,且值班期间血液中的酒精浓度不得超过 0.05% 或者呼气中的酒精浓度不得高于 0.25 mg/L。

(13)严禁值班船员服用可能导致不能安全值班的药物。严禁船员有吸毒行为。

**2.充放电期间安全值班注意事项**

(1)观察船舶工控机或箱式电源显示器,确认电池系统状态正常,无异常报警信息。

（2）当电池系统电量低于 50% 时，应及时充电。

（3）电池舱室环境温度应控制在 25±2 ℃，保证在最佳温度范围内使用电池。

（4）每日累计充电电量，尽量不超过额定总电量的 1.5 倍。

（5）每 3 个月至少进行 1 次电池保养，防止造成电池损伤。

（6）电池系统的存放环境要求通风、干燥、不受阳光直晒、不受雨淋、远离热源。

（7）检查电池箱或高压箱是否存在污泥、裂缝、变形、异味、鼓胀。

（8）检查电池箱的气压平衡阀或防爆阀有无损坏。

（9）检查电池箱、高压盒与电池托架的连接是否无松动。

（10）检查电池托架、控制柜与船架的连接是否牢固可靠。

（11）检查报警灯、急停按钮、工控机等设备是否可正常使用。

（12）执行检查动作前，为确保人身安全，务必穿绝缘靴（鞋）、防静电服，以及戴绝缘手套、护目镜等防护用品。

### （二）电池动力船舶应急应变措施

#### 1.全船失电应急措施

船舶发生全船失电/舵机失灵/失去动力后可能会造成船舶失控或发生碰撞、搁浅等严重后果。

（1）通用措施

①全船失电/舵机失灵/船舶失去动力后，值班人员应立即报告船长和轮机长。

②船长要立即上驾驶室进行指挥，同时通知周围船舶远离本船。

③轮机长应迅速带领机电设备主管人员，奔赴机舱现场查找原因并采取应急措施。

④根据设备失灵的具体情况，及时启动备用或应急设备。

⑤大副、水手长到船首备锚。

⑥船长充分利用船上的正常设备控制船位，保证船舶不发生危险局面。

⑦如船舶故障一时无法排除，船长应选择安全地点抛锚，并向船舶所有人和海事主管机关报告。

（2）应急措施

全船失电后，轮机长及主管轮机员应迅速奔赴机舱现场，切勿惊慌失措，应保持沉着、冷静、果断，视跳闸前后的具体情况采取相应措施。大体上分为 5 种情况：

①集装箱电池组并联运行引起跳闸，应立即启动备用电池组，重新并入电网恢复供电。

②过载或保护动作引起跳闸，观察配电板上电压表及 BMS 电源指示，如指示正常，可关掉一些次要负载，重新合闸，仔细观察各指示仪表的变化，一切正常后可继续送电使用。

③若电压表、BMS 无电源指示，则说明集装箱电池组或 BMS 有问题，应立即启动备用机组，待备用机组合闸成功后，再检查 BMS 及集装箱电池组。

④如备用集装箱电池组启动后合不上闸，说明负载有短路现象，应先关掉所有负载，再逐一送电，将短路负载筛选出来再进行修理。恢复供电后，应立即检查重要设备供电是否正常。

⑤如集装箱电池组故障，轮机长及主管轮机员应进行故障诊断。如故障严重，短时间内无法修复，应报告船长，船长视情向船舶所有人报告。

## 2.机舱进水应急措施

（1）发生船体进水时的局面及后果

船舶发生碰撞、搁浅、触礁等事故后造成船舶损坏进水，可能会导致船舶沉没、油泄漏以及危及人员安全的严重后果。

（2）船舶应急措施

①值班人员发现船体进水应立即报告当班驾驶员和船长。当班驾驶员或船长根据报告情况迅速发出船舶进水堵漏信号。信号为：警铃和（或）汽笛两长声一短声，连放 1 min。

②听到警报信号后，除值班人员外，所有船员应按船舶应变部署表中的规定，携带堵漏器材迅速赶到现场，待现场指挥查明险情并确定施救方案后，立即投入抢救。

③尽快寻找出准确漏洞部位并了解进水情况。漏洞部位除可派人到直观的地方检查寻找外，还可用下述方法判断和寻找：

a.立即测量各舱室的液位；

b.倾听各空气管内的水声；

c.观察船边水面有无气泡，并记下冒泡的位置。

④正确地估算出进水量和进、排水量差，采取正确有效的堵救抢修措施。

⑤抢救中应根据水流方向和漏洞部位，操纵车、舵使船舶尽可能保持与水流的相对静止状态，以减少水压和进水量，配合堵漏行动。

⑥船长在抢险的同时应将现场情况立即向船舶所有人和海事主管机关报告。

⑦充分利用船上现有的堵漏设备和物料，实施堵漏。

⑧如进水压力较小且进水面积不大，可采用密堵顶压法或水泥封堵法堵漏；如进水面积较大，可用堵漏毯封堵后再做内堵处理；如漏洞部位在单独舱室且又无法封堵，可采用单独封闭舱室法堵漏。

⑨如漏洞部位在机舱：

a.电子电气员应设法保证电力系统正常供电，同时做好出事现场电气设备的抢修和保护工作；轮机员应保证排水设施正常。

b.迅速查明漏水部位，视进水情况采取相应措施向外排水。

c.当船长发出命令离开现场或机舱时，应关闭所有运转设备，保证人员安全撤离。

⑩如船舶无法进行自救，船长应将船驶至安全水域抢滩；如无法抢滩，应做弃船准备。

## 3.机舱火灾应急措施

（1）火灾/爆炸致因及后果

①船舶在以下情况时极易发生火灾/爆炸事故的局面：

a.发生碰撞事故、航行中搁浅（触礁）事故；

b.违章使用电器，在规定以外的场所违章吸烟或使用明火，船舶电气设备老化且未及时进行维修保养；

c.其他不可预见的情况。

②船舶发生火灾/爆炸后可能会造成人员伤亡、船体损坏进水至沉没等严重后果。

（2）船舶应急措施

①发生火灾时船长首先要考虑：保证船员安全、控制船舶受损、防止环境污染。

②一旦发现火灾，应根据火源类型和火情立即使用附近适宜的灭火器材扑救，并大声呼喊，就近按启警铃报警。报警信号为：

a.警铃和(或)汽笛短声,连放 1 min;

b.为了指明火警部位,在消防警报信号后,鸣一声表示船的前部,两声表示船的中部,三声表示船的后部,四声表示机炉舱,五声表示上层甲板。

c.解除警报:警铃和(或)汽笛一长声持续 6 s 或以口令宣布。

③船长接到报告后发出应急警报,组织人员探测火灾范围、判断有无爆炸危险,立即到驾驶室组织灭火。同时,根据当时情况及时向船舶所有人和附近海事主管机关报告。

④听到消防警报信号后,除固定值班人员外,所有船员应携带应变部署表规定的器材迅速赶到现场,按队集合待命。其中,管理二氧化碳站的人员应分别到各岗位进行检查,做好释放准备;负责水灭火系统的人员应安妥消防水龙和喷头,开启阀门;机舱值班人员应尽快启动甲板水供水(平时,甲板水管系应保持冲洗锚链水的阀门常开)。未经总指挥或轮机长下令,不准断开集装箱电池组或拉闸停电。

⑤现场指挥到达火警现场后,应率领消防队迅速弄清火警部位、火种性质、火情及发展趋势,以及火警部位周围有关联的各种物品,确定施救方案,指挥各队投入扑救,并根据火情发展及时调整部署、组织力量。

⑥船长尽可能操纵船舶将火灾部位置于下风处。二副协助船长指挥灭火时的驾驶台操作。

⑦三副和水手长直接负责现场灭火,并根据火情关闭门窗、舱口、风斗、孔道,截断局部电路,搬开火警附近易燃物品,阻止火势蔓延,同时传令和救护伤员。

⑧启动二氧化碳灭火系统前,应先将人员撤离并封闭现场,尽量隔绝或减少空气流通,正确地启闭各路阀门,然后按照总指挥的命令施救。

⑨如火势无法控制,危及船上人员的生命安全,船长应做好弃船准备。

⑩火灾扑灭后,大副应全面详细地检查并派人监视现场,只有确认无复燃的可能后,消防队人员方可撤离。

### 4.舵机失灵应急措施

(1)当发现舵机失灵时,驾驶室值班人员应立即将舵机切换到"应急操舵"位置进行应急操舵,并用直通电话报告机舱值班人员,机舱值班人员在采取相应措施的同时应立即报告轮机长。

(2)机舱值班人员应根据驾驶台的指令,正确地操纵船舶推进电机;轮机长应通知轮机员、电子电气员等有关人员迅速到位。

(3)有关人员进入现场后,应迅速判明故障原因,采取正确措施进行处理。

(4)如是机械或液压系统故障,由轮机员负责抢修;如是自动部分或手动部分的电气控制系统故障,由电子电气员负责抢修。如自动部分无法修复,应尽量设法保证随动舵的可靠运行;如随动舵无法修复,应确保应急舵的可靠运行。

(5)如故障无法排除,应向船舶所有人报告。

(6)故障排除后,船舶有关人员应加强检查和观察,确保舵机的稳定运转。

电池动力船舶船员技能培训教程

专业
培训

# 第一章

# 电池动力船舶控制系统理论

## 一、电池管理系统

电池管理系统(Battery Management System,BMS)称为电池保姆或电池管家,其功能主要是智能化管理及维护各个电池单元,监控电池的状态,防止电池出现过充电和过放电,以延长电池的使用寿命。BMS包括控制模组、显示模组、无线通信模组、电气设备、用于为电气设备供电的电池组以及用于采集电池组电池信息的采集模组。BMS通过通信接口分别与无线通信模组和显示模组连接。BMS的输入端与采集模组的输出端连接,输出端与控制模组的输入端连接。控制模组分别与电池组和电气设备连接。BMS通过无线通信模块与服务器(Server)端连接。

### (一)BMS 的组成

BMS通过控制电池的充电与放电来实现电动船电池与电力负载之间的能量交互。继电器的功能是控制连接或者断开电池包与电力负载的关联,在发生碰撞或者电池包需要维修时,继电器都需要断开。在整个电池上电的过程中,有一个预充回路,其主要功能是预先充能,这样就能保证在主继电器关闭时,继电器两侧的压差在一个合理的范围内,如果压差过大,会导致一端给另一段充能。如果能量瞬间过大,会导致继电器粘连。

#### 1.主板

主板收集来自各从板的采样信息,通过低压电气接口与监测报警系统进行通信,控制BDU内的继电器动作,实施监控电池的各项状态,保证电池在充放电过程中的安全。

#### 2.从板

从板监控模组的单体电压、单体温度等信息,将信息传输给主板,具备电池均衡功能。从板与主板的通信方式通常是CAN通信或者菊花链通信(一种像菊花形状一样从中心到周边的通信方式)。

#### 3.BDU

BDU通过高压电气接口与高压负载和快充线束连接,包含预充电路、总正继电器、总负继电器、快充继电器等,受主板控制。

#### 4.高压控制板

高压控制板可集成在主板上,也可独立出来,实时监控电池包的电压电流,同时还具有预充检测和绝缘检测功能。

### （二）BMS 的功能

BMS 可实现以下功能：

1. 电池端电压的测量。

2. 均衡单体电池的能量：为单体电池均衡充电，使电池组中各个电池的能量都达到均衡一致的状态。均衡技术是 BMS 的关键技术。

3. 电池组总电压的测量。

4. 电池组总电流的测量。

5. SOC 估算：准确估测动力电池组的荷电状态（State of Charge，即 SOC），即电池剩余电量，保证 SOC 维持在合理的范围内，防止过充电或过放电对电池的损伤。

6. 动态监测动力电池组的工作状态：在电池充放电过程中，实时采集电池组中每块电池的端电压和温度、充放电电流及电池包总电压，防止电池发生过充电或过放电现象。

7. 锂电池组实时数据显示，如图 1-1 所示。

8. 数据记录及分析：挑选出有问题的电池，保持整组电池运行的可靠性和高效性。

9. 通信组网功能，具体包括：

（1）电池包电压与电流采样

电池包电压采样主要采集电池包正极与负极之间的电压，用来做高压保护，以及计算功率。整个电池包的电流采样可以用霍尔传感器来实现，采集完的电流用来做安时积分计算，直观的表现就是仪表板显示的剩余电量。电池中充入的电量和放出的电量都是通过安时积分计算来实现的。

（2）电芯电压采样

每个电芯用两根线进行采样，用开关控制采样，采集完的数据通过通信传递到下一级。采样芯片的电量来自电芯模组。

（3）电芯均衡

电芯均衡主要基于木桶原理中的短板效应，电池所能够释放的能量取决于电芯的最低电压，因此要尽量保证所有电芯能量均衡，使能量高的电芯释放部分能量。目前的均衡方式主要是被动均衡，如果其中某几个电芯的能量高，可以通过控制开关在电芯两端并入电阻，采用被动放电的形式，将电芯的能量释放出去，保持所有电芯能量均衡。

（4）电池包漏电检测

漏电检测主要检测的是电池包的正极和负极相对于底盘的绝缘电阻。在绝缘电阻的两端做绝缘检测时引入一个电路，通过电阻分压的形式来计算整个电池包的正极和负极相对于底盘的电势，然后建立一个方程算出绝缘电阻值。

（5）温度采样

温度采样用的是 NTC 热敏电阻，通过贴片安装在柔性电路板上，柔性电路板的主要功能是采集电芯的电压、电流和温度。对于 NTC 热敏电阻的布置点，一般通过热仿真来分析哪里是热源的高点，然后通过热电偶的实验来验证温度采样点是否布置得当。温度采样主要采集的就是电芯温度，如果检测到电芯温度过高，那么这个信号就会传递给 BMS，BMS 就会控制水泵来对电池加大冷却的效果。

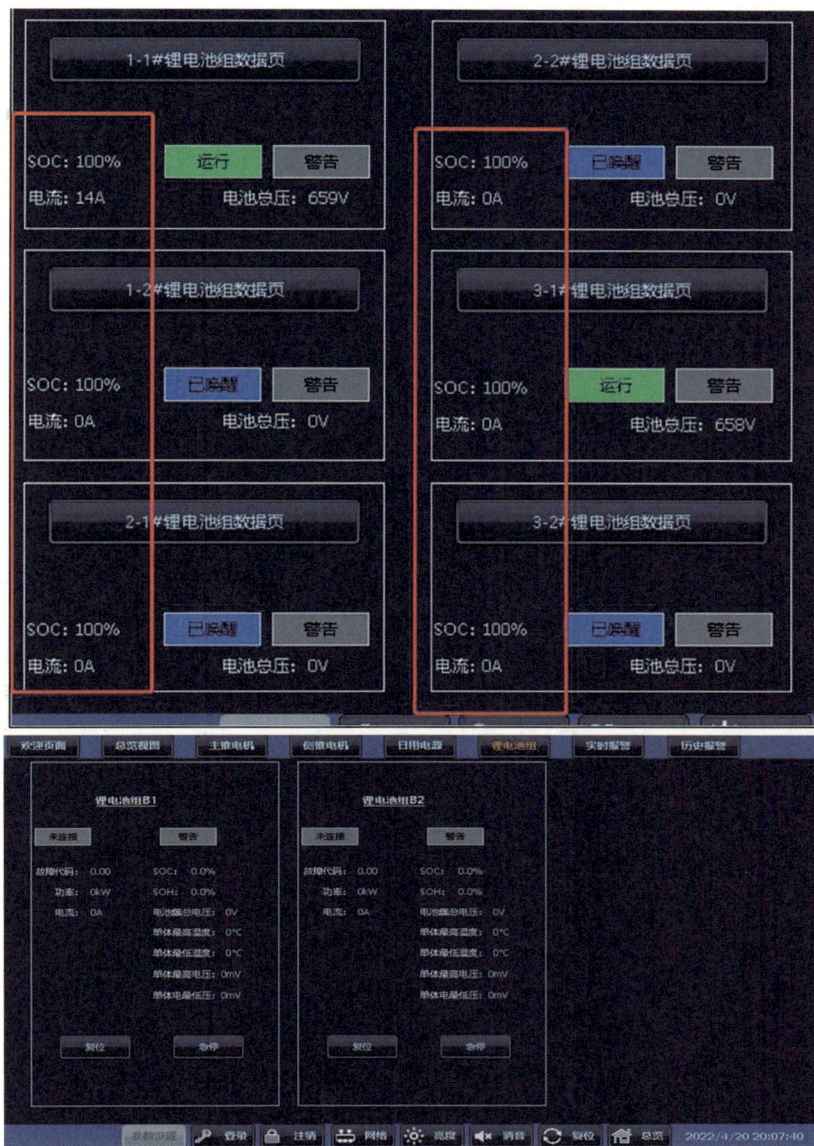

**图 1-1  锂电池组实时数据显示**

BMS 通过采集电池的电压、电流以及温度,用这些原始数据进行计算,然后输出当下电池的可用容量、健康状态、可以释放的功率、能量状态和整个系统的运行状态,来确定电池的各种性能,如图 1-2 所示。

①电池组管理:包括电池组的放电管理、电池组的温度管理、电池组的容量管理等。

②电池健康管理:包括电池的电压监测、电池的容量估算、电池的状态诊断等。

③电池安全管理:包括电池的过充、过放、过流保护,防止电池爆炸或燃烧等。

④电池故障管理:包括电池故障检测、电池故障定位、电池故障预警等。

⑤电池组的报警管理:包括电池组的电压异常报警、温度异常报警、充放电异常报警等。

⑥通信管理:与用户交互,实现远程监控和控制。

以上功能可以帮助电动船舶的 BMS 更好地管理和保护电池组,延长电池的使用寿命,提高电动船舶的性能和安全性。

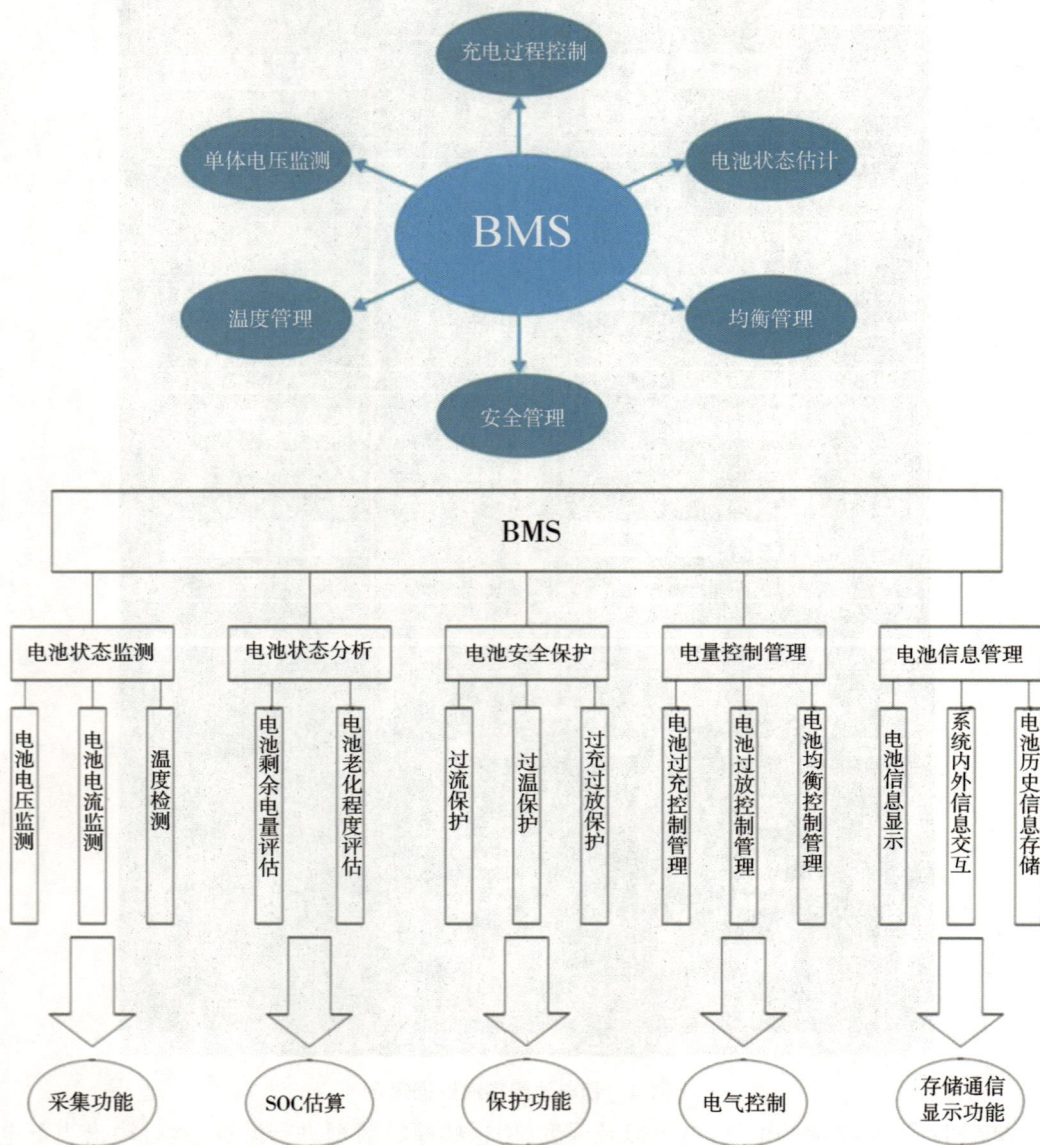

**图 1-2　BMS 的功能**

## （三）动力电池组及 BMS 的日常维护管理要点

(1)维护之前需关闭主电源及其开关,打开舱柜门进行通风。

(2)检查动力电池舱(室)与相邻处所的舱壁和甲板的完整性,有无破损、开口。

(3)检查蓄电池托架是否为钢质材料制造,有无损坏。

(4)检查蓄电池箱柜、蓄电池包有无破损泄露。

(5)检查电池系统传感器是否工作正常,包括电流、电压、电池温度等监控状况是否正常。

(6)检查数据存储单元数据记录是否完好,是否方便进行检查和故障排除。

（7）检查电池荷电、能量状态是否正常，如发现数据异常，应及时开展故障排查。

（8）检查电池组安全控制及预警系统是否工作正常，并应定期开展测试。

（9）检查充电完成后能否及时切断回路。

## 二、能量管理系统

能量管理系统（EMS）采用的是一种用于储存和释放电能的技术。该系统由电池组、电能转换器、电能管理器和监控器组成，以实现电能的高效储存和可靠释放。

### 1. 电池组

电池组是储能系统的核心，由多个电池单元组成，如锂电池、铅酸电池等。

电池组的容量决定了储能系统能够存储的电能大小，而电池组的能量密度则决定了其体积和重量的大小。

### 2. 电能转换器

电能转换器可以将电能从直流转化为交流或者反之。它主要包括直流/交流变换器和交流/直流变换器。

当储能系统需要将储存的直流电能转化为交流电时（如给船用电器供电），需要使用直流/交流变换器；而当储能系统需要将储存的交流电能转化为直流电时（如给电池充电），则需要使用交流/直流变换器。

### 3. 电能管理器

电能管理器是负责控制储能系统中电能的存储和释放的关键组件。它能够监测电池组的状态，保护电池免受过充电或过放电的伤害，并确保电能的高效利用。

电能管理器还具有智能化管理功能，能够根据实时需求对电池组进行优化调度，最大限度地延长电池使用寿命。

### 4. 监控器

监控器用于实时监测储能系统的运行状态和电能储存情况。它可以提供电池组的电压、电流、温度等参数的实时数据，同时也能够通过互联网将这些数据传输到用户的手机或电脑上进行远程监控。

通过以上组成部分，EMS 可以灵活地储存和使用电能：当电力供应充足时，系统可以将电能储存到电池组中；而当电力需求增加时，系统可以通过电能转换器将电能从电池组释放出来，以满足用户的用电需求。

这种能量储存和管理方式不仅能够平衡电力供需，还可以提高电力系统的稳定性和可靠性。

EMS 不仅可以实现电力的高效利用，减少对传统能源的依赖，还可以降低能源消耗对环境的影响，达到可持续发展的目标。

## 三、电池功率管理系统

电池功率管理系统主要通过收集有关电池的信息，检测电池的运行状况，并根据测得的结果分析电池的效率，从而为用户提供电池使用的相关建议。此外，它还可以实现节能减排。

在实际应用中，电池功率管理系统被广泛应用于电动车、电动船等领域。它不仅能够有效管理和控制蓄电池,提高能源利用效率,还能减少对环境的负面影响。

## 四、电池监测报警系统

电池监测报警系统是一种针对电池进行监测和控制的系统,它能够有效地监控和保护电池的性能,避免电池出现过充、过放、短路、欠压等故障,同时当电池出现异常时,系统会及时发出报警提示,提醒用户及时处理。

电池监测报警系统的核心部件包括传感器、控制单元和报警装置等。传感器用于监测电池的电压、电流、温度等参数。控制单元对传感器采集的数据进行分析处理,同时根据设定的报警阈值及时发出报警信号。报警装置则负责将报警信号以声音、灯光等形式传递给用户,引起用户的注意。

电池监测报警系统的应用范围广泛,通过电池监测报警系统,用户可以更加便捷地管理和维护电池,提高电池的使用效率和寿命,同时也可以保障设备的安全运行。

与锂电池相关的警报如表 1-1 所示:

**表 1-1 与锂电池相关的警报**

| 序号 | 电池组别 | 名称 | 类型 |
|------|----------|------|------|
| 1 | B1 | 锂电池自检报警 | ALARM |
| 2 | B1 | 单体温度超高报警 | ALARM |
| 3 | B1 | 环境温度超高报警 | ALARM |
| 4 | B1 | 锂电池组绝缘过低 | ALARM |
| 5 | B1 | 锂电池组 SOC 过低 | ALARM |
| 6 | B1 | 锂电池组总电压过高 | ALARM |
| 7 | B1 | 锂电池组总电压过低 | ALARM |
| 8 | B1 | 锂电池组充电过流 | ALARM |
| 9 | B1 | 锂电池组放电过流 | ALARM |
| 10 | B1 | 锂电池组压差过大 | ALARM |
| 11 | B1 | 锂电池组温差过大 | ALARM |
| 12 | B1 | 单体电压高警告 | WARNING |
| 13 | B1 | 单体电压低警告 | WARNING |
| 14 | B1 | 串联回路电流高警告 | WARNING |
| 15 | B1 | 单体温度高警告 | WARNING |
| 16 | B1 | 环境温度高警告 | WARNING |
| 17 | B1 | 环境温度低警告 | WARNING |
| 18 | B1 | 报警停止运行警告 | WARNING |
| 19 | B1 | BMS 与 EMS 通信失败警告 | WARNING |
| 20 | B1 | SOC 低警告 | WARNING |
| 21 | B2 | 锂电池自检报警 | ALARM |

| 序号 | 电池组别 | 名称 | 类型 |
|---|---|---|---|
| 22 | B2 | 单体温度超高报警 | ALARM |
| 23 | B2 | 环境温度超高报警 | ALARM |
| 24 | B2 | 锂电池组绝缘过低 | ALARM |
| 25 | B2 | 锂电池组 SOC 过低 | ALARM |
| 26 | B2 | 锂电池组总压过高 | ALARM |
| 27 | B2 | 锂电池组总压过低 | ALARM |
| 28 | B2 | 锂电池组充电过流 | ALARM |
| 29 | B2 | 锂电池组放电过流 | ALARM |
| 30 | B2 | 锂电池组压差过大 | ALARM |
| 31 | B2 | 锂电池组温差过大 | ALARM |
| 32 | B2 | 单体电压高警告 | WARNING |
| 33 | B2 | 单体电压低警告 | WARNING |
| 34 | B2 | 串联回路电流高警告 | WARNING |
| 35 | B2 | 单体温度高警告 | WARNING |
| 36 | B2 | 环境温度高警告 | WARNING |
| 37 | B2 | 环境温度低警告 | WARNING |
| 38 | B2 | 报警停止运行警告 | WARNING |
| 39 | B2 | BMS 与 EMS 通信失败警告 | WARNING |
| 40 | B2 | SOC 低警告 | WARNING |

当电池的温度、容量、电压等发生异常时，一定要注意锂电池的安全性能，及时将异常锂电池从船舶电网中切除。

注意：当电池 SOC 低于 20% 时，报警；低于 12% 时，降功率；低于 8% 时，自动下高压、停电。

## 五、电池动力系统启动注意事项

电池动力系统启动注意事项包括：

1.避免电池组受到撞击和进水。

2.当仪表显示电量较低时，应及时给动力电池充电，避免因动力电池亏电而影响动力电池的使用，甚至缩短动力电池的使用寿命。

3.动力电池充电时环境温度应为 10~30 ℃，并保持良好通风。较低的温度将影响充电效率，甚至会导致硫酸盐化；较高的温度易使充电器元器件参数漂移，甚至引起热失控，充胀动力电池。

4.在日常使用中尽量不要航行到最大行驶里程，最佳行驶里程为最大行驶里程的 1/3 ~ 2/3。

5.在航行中出现电池过热报警时，要在合适的水域使电池降温，待过热警告灯熄灭后再继续航行。若频繁出现电池过热报警或电池故障警告灯常亮，则应及时由专业人员进行故障排除,严禁非专业人员自行对电池组进行拆装,以免造成人身伤害。

6.充电桩必须有足够的精度和稳压稳流性能并通过公司技术检测认证合格,严禁使用质量差、耐老化性能差的充电器,否则将损坏动力电池。

7.使用电池柜时,动力电池需充足电后储存,并每月补充电一次,以免长期亏电导致动力电池极板中的硫酸盐化。

## 六、动力电池运行管理记录

在动力电池运行过程中需要关注以下几个参数:

电压:包括端电压、开路电压、工作电压、充电终止电压和放电终止电压等。端电压是指电池正极和负极之间的电位差;开路电压是指电池在没有负载情况下的端电压;工作电压也称负载电压,是指电池在接通负载后处于放电状态的端电压;电池充足电时,极板上的活性物质已经达到饱和状态,再继续充电,电池的电压也不会上升,此时的电压被称为充电终止电压;电池在一定条件下放电时,电池的电压逐渐下降,电池不宜再继续放电时的最低工作电压被称为放电终止电压。

电池容量:能够容纳或释放的电荷 $Q$,$Q = I \cdot t$。电池容量标注 20 A·h,工作电流为 1 A 时,理论上可以使用 20 h。

电池能量:电池储存的能量,能量=电压×电池容量。

能量密度:单位体积或单位质量电池释放的能量。

功率密度:单位质量(比功率)或单位体积电池输出的功率。

电池放电倍率:规定时间内电池放出其额定容量时所需要的电流值,它在数值上等于电池额定容量的倍数。

内阻:电流流过电池内部受到的阻力。

这些参数对于动力电池的运行和维护都很重要,建议在日常使用中密切关注这些参数的变化。

# 第二章

# 电池动力系统安全性理论

## 一、电池动力系统潜在的安全性问题

电池动力系统潜在的安全性问题主要包括以下方面：

热失控：动力电池自燃的主要原因之一。在激烈碰撞、系统短路等情况下，动力电池内部的化学反应会产生大量热量，如果散热不良或温度控制失效，就容易导致电池过热，甚至爆炸。

短路：动力电池内部有很多电芯，如果出现短路现象，就可能引起电池高温、起火等问题。由于制造工艺限制，电池组激光焊接点老化所带来的阻抗也会引起局部高温，从而引发短路。

电解液泄漏：动力电池内含有电解液，如果外壳破裂或者外力冲击，就可能导致电解液泄漏，对人体和环境造成危害。

电池老化：动力电池在使用一段时间后会出现老化现象，电池性能下降，容易存在安全隐患。

为了确保动力电池的安全使用，需要采取各种措施，如严格的电池管理制度、先进的温控系统、防护外壳设计等。用户也应该注意动力电池的使用和保养，及时检查、维护以预防安全事故的发生。

## 二、电池动力系统应急处理

电池动力系统应急处理流程如下：

（1）立即停车：在航行过程中，如果发现电池动力系统出现故障，应立即停车，并确保船舶停在安全水域。

（2）断电：戴绝缘手套断开负载，以避免电池短路引发火灾。

（3）寻求帮助：与专业维修人员联系，获取准确的故障诊断和修复方案。如果无法联系到专业维修人员，应尽快联系水上消防部门使用高压水枪对起火点进行喷射，建议安全距离在5 m以上。

（4）灭火：若电池线束等连接部分冒烟起火，应戴防火手套并使用干粉或二氧化碳灭火器对起火点进行喷射。若电池箱体起火，人员应迅速撤离船舶并及时联系消防部门使用高压水枪对起火点进行喷射。

（5）寻求医疗帮助：如果有人员受伤或吸入浓烟，应尽快转移并就医。

除了上述应急处理流程外,还应注意以下事项:

(1)在紧急停航时,应远离油船、LNG 船等。

(2)船上需配备绝缘手套、防火手套,以及可及时足量释放的灭火介质。

## 三、电池动力系统常见故障

电池动力系统常见故障包括以下几种:

### 1.接触器烧结故障

电子元器件或线路损坏、电流过大、接触器本身质量问题等都可能导致接触器烧结故障。此时,需要检测线路并更换故障电子元器件或接触器。

### 2.单体电池电压和温度采样故障

电池本身容量、内阻存在差异,外部散热不良等可能导致电压或温度异常故障。此时需要查找故障点,更换单体电池或温度采样线。

### 3.漏电绝缘故障

电池外壳防护罩损坏或电池液冷系统漏液可能导致漏电绝缘故障。此时需要找出故障点,修复破损部位。

### 4.温度类故障

航速提不上去,仪表盘提示动力电池温度过高。出现温度告警后,首先需排除管理器、连接线束等因素(更换管理器、管理器与电池包连接采样线束);更换后若故障仍存在,则判断为动力电池故障。

排查电池动力系统故障时,可以从以下几个方面进行:

1.确保电池没有接触到水或其他导电物质,否则可能会引起短路。

2.检查电池的电极是否牢固连接在电池上,如果没有,需要重新安装电极。

3.检查电池的电量是否充足,如果电量不足,需要及时充电。

4.检查电池的充电线和充电设备是否完好无损,如果存在问题,需要及时更换或维修。

如果以上步骤都没有解决问题,那么可能需要更深入的检查,例如检查电池的内部电路、电池管理系统等。

对于电池动力船舶,除了电池、直流母排、逆变器、变频器等故障的排查方法与普通柴油动力船舶有所区别外,其余故障的排查方法与普通柴油动力船舶无异,参照一般船舶电气故障的排查方法即可。

此外,应牢记与电池相关的能导致船舶降速的一些故障和能量管理系统的设置。

# 第三章

# 直流配电系统操作与管理

## 一、直流配电系统的结构、功能及工作原理

### （一）船舶电力系统的组成、特点及主要参数

#### 1.船舶电力系统的组成

船舶电力系统,是指由一个或几个在统一监控之下运行的船舶电源及与之相连接的船舶电网所组成的、用以向负载供电的整体。换句话说,船舶电力系统是由电源装置、电力网和负载按照一定方式连接的整体,是船上电能生产、传输、分配和消耗等全部装置和网络的总称。图 3-1 为船舶电力系统单线示意图。

（1）电源装置

电源装置是将其他形式的能量(如:机械能、化学能、核能)转换成电能的装置。目前,船上常用的电源有发电机组和蓄电池。

（2）配电装置

配电装置是用于控制、保护、监测和分配船舶电源产生的电力,并对船舶正常航行或应急状况下使用的电力和照明负载进行配电的开关设备和控制设备的组合装置。它可分为主配电板、应急配电板、区域配电板、分配电板、充放电板和岸电箱等。

（3）船舶电力网

船舶电力网是向全船供电的电缆与电线组成的馈电系统的总称,其作用是将电源的电能传输给全船所有的用电设备。船舶电力网可分为动力电网、照明电网、应急电网、低压电网和弱电电网等。

（4）负载

负载是将电能转变为机械能、光能、热能和其他形式能的船舶用电设备的总称。它可分为以下几类:采用电动机拖动的甲板机械设备、舱室机械设备;采用电光源的照明设备、信号设备;采用电加热的电炉、电灶等设备。

MCB

岸电

负载

重要负载

M

M

G ACB
G ACB
G ACB

主配电盘汇流排

MCB 变压器

重要负载

低压配电板汇流排

MCB ABTS

EG ACB

应急配电板汇流排

负载

整流装置

蓄电池组

负载

G—主发电机；EG—应急发电机；M—电动机；ACB—空气断路器；MCB—装置式断路器；
ABTS—汇流排转换接触器

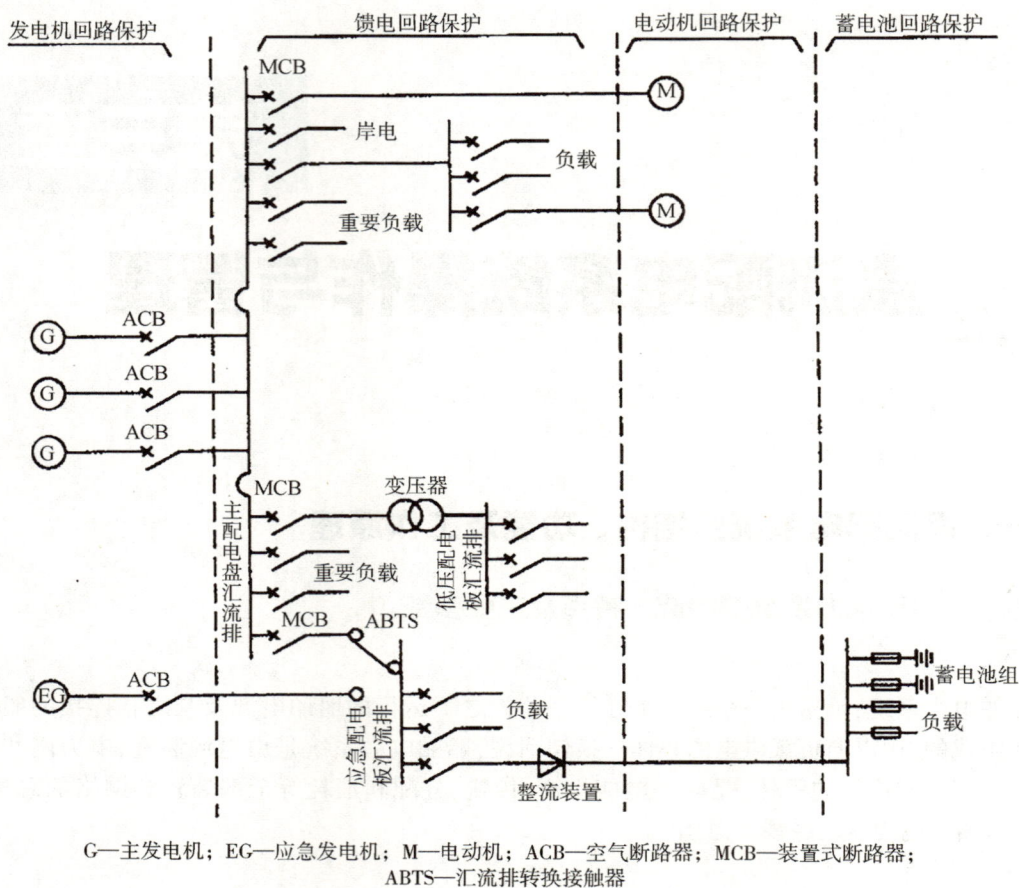

**图 3-1　船舶电力系统单线示意图**

### 2.船舶电力系统的特点

根据船用负载的特点,船舶电力系统的电站容量、连接方式、电压等级、配电装置等与陆上电力系统有着很大的差别。按驱动发电机的原动机形式分类,船舶发电机组有柴油发电机组、蒸汽发电机组、汽轮发电机组、轴带发电机组等。

船舶电站单机容量一般不超过 1 000 kW,装机总功率不超过 5 000 kW(电力推进船和特种船除外),相比陆上要小得多。船舶电力系统大多采用多台同容量、同类型的发电机组联合供配电的方式,以方便管理维护。正常航行时仅有 1 台或 2 台发电机组向电网供电,但是要求船舶发电机组有较高品质的调速和调压装置来满足负载变化,在突发局部故障时也能保障船舶安全运行。船舶电网的输电距离短,线路阻抗低,各处短路电流大。短路电流所产生的电磁机械应力和热效应易使开关、汇流排等设备遭受损伤和破坏。因此,船舶输电电缆采用沿舱壁或舱顶走线,电缆的分支和转接均在配电板(箱)或专设的分线盒内完成,不允许外部有连接点。船舶电气设备的工作条件恶劣,主要体现在环境温度高,相对湿度大,金属部件易受盐雾、油雾和霉菌腐蚀,电磁干扰大,工作稳定性差等方面。

### 3.船舶电力系统的电气参数

船舶电力系统的基本参数是指电流种类(电制)、额定电压等级和额定频率。

（1）电流种类（电制）

早期船舶采用直流电制,主要基于直流发电机调压容易、直流配电装置简单、直流电动机调速平滑等优点。但直流电制在可靠性、经济性、可维修性方面的缺陷甚多,而电力电子技术的发展突破了交流电力系统的调压、调频、并联运行等一系列难点,使交流电制占据了主要地位。除了采用直流电力系统或交直流混合电力系统的特殊工程船舶外,几乎所有大中型船舶均采用交流电力系统。新能源电池动力船舶使用的是直流组网技术,负载侧则使用交流组网技术。

（2）额定电压等级

船舶电力系统额定电压等级的选用直接关系到电力系统中所有电气设备的重量和尺寸,提高电压有利于减小导线中的电流、提高设备功率、减小舱容,且有利于提高经济性,但对电气设备的绝缘和安全方面的要求也更高。世界各国对电压等级的选用与本国陆上电制参数一致,使船舶电气设备具有通用性。例如,美国和日本采用 450 V、60 Hz 的电制,而我国和俄罗斯采用 400 V、50 Hz 的电制。随着船舶大型化、自动化及舰船设备的更新和生活工作条件的改善,船舶电器的负荷急速增加,发电机的功率也必然随之增加。从而带来如下问题:

①对 500 V 以下的电力系统来说,短路电流的增大使开关电器与保护装置的断流容量难以满足要求;

②制造 500 V 以下的大功率发电机（2 000 kW 以上）和电动机（200 kW 以上）,在技术上是非常困难的（因为已接近功率极限）,在经济上也不合算;

③如果大功率电能传输仍采用 500 V 以下的电压,则将使电缆的截面增大,并须多股并联,造成布线与安装上的困难。

由于上述原因,船舶中压电力系统得以发展。当发电机单机容量超过 2 000 kW 时,可考虑采用 3.3 kV 电压;当电动机功率超过 200 kW 时,可用中压 3 kV 供电。

采用中压电力系统后,保护装置、接地、变压器、配电方式、开关形式、电缆端头的构造及处理方法都与 500 V 以下的系统有很大的差别,使用时必须注意。

我国用电设备的额定电压有 24 V、110 V、220 V、380 V、1 kV、3 kV、6 kV、10 kV 等。根据电源电压的额定值比同级电力系统用电设备的额定电压高 5% 左右的原则,发电机的额定电压为 115 V、230 V、400 V、1.05 kV、3.15 kV、6.3 kV、10.5 kV 等。中国船级社《钢质海船入级规范》规定:非电力推进船舶的限制电压为 500 V,动力负载、具有固定敷设电缆的电热装置等的额定电压为 380 V,照明设备、生活居室电热器的限制电压为 250 V、额定电压为 220 V。

（3）额定频率

交流船舶电力系统的额定频率一般沿用各国陆地上的频率标准,我国采用 50 Hz,大部分西欧国家和美国采用 60 Hz。这里不包括弱电设备所需的特殊频率以及海上平台等特殊设备的电源频率。

## （二）船舶直流配电系统的组成与功能

直流配电系统是电池动力船舶的电力系统中最重要的部分,它的主要作用是在不同的预制荷载下,为全船动力推进设备和辅助机械设备供电。

图 3-2 为直流配电系统单线图,主电路采用公共直流母线方式,直流母线分为 2 段,并通过直流母联开关和直流熔断器相连。

整个系统有 3 组集装箱电池,分成 2 组供电,2 组电池直流电分别经过 B1.CB1 和 B2.CB1

向分段的直流母排供电,也可以经过 D1.CB2 向另一侧的直流母排供电。左侧的直流母排向 No.1 主推进电机、侧推电机和 No.1 隔离变压器供电,右侧的直流母排向 No.2 主推进电机和 No.2 隔离变压器供电。2 台隔离变压器直流输入侧通过 D1-CB1 可以向另一侧供电。主推进电机、侧推电机和隔离变压器输入的是 380 V 三相交流电,需采用 DC/AC 逆变器将直流电变换为交流电。隔离变压器的二次侧绕组通过断路器与交流配电板相连,向船上其他动力负载和照明负载供电。船舶日用电源采用双冗余的方式通过日用逆变器从直流母线取电,转换为交流电源,并配置正弦滤波器和变压器等,以保证日用逆变电源的波形质量满足使用要求。在船舶停泊时,可通过岸电插座箱接码头岸电向交流配电板供电。

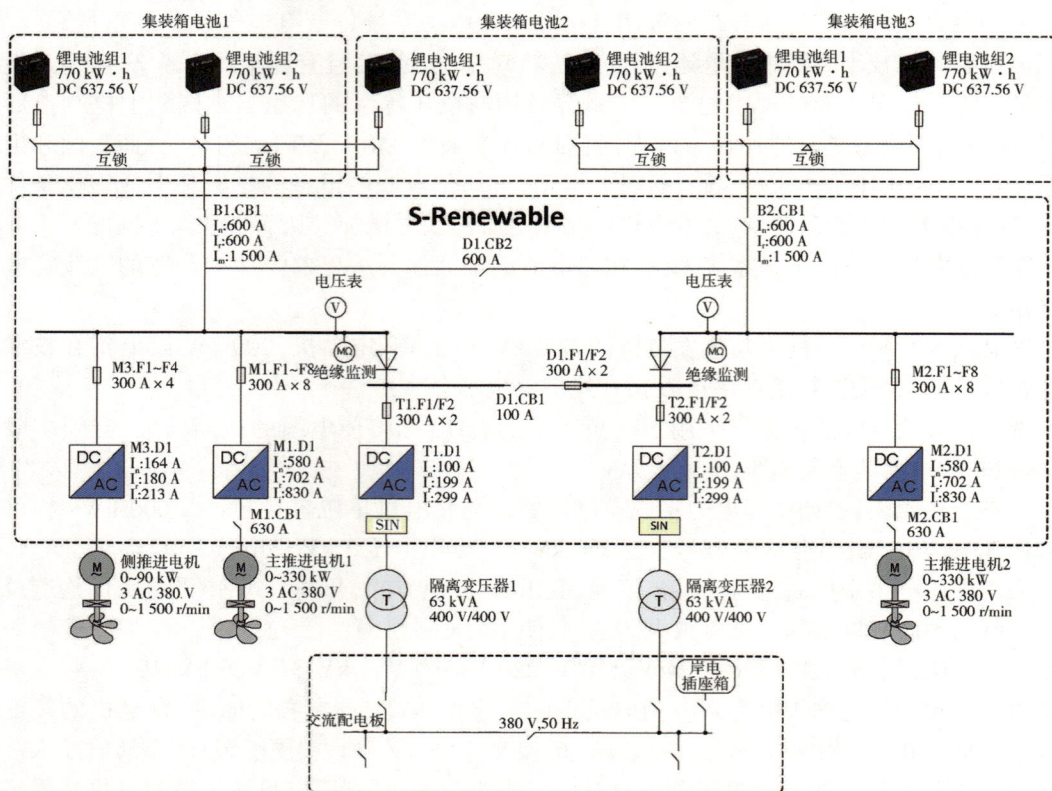

图 3-2　直流配电系统单线图

## （三）单向/双向 DC-DC 变换器的功能及工作原理

### 1.电力电子变换器

电力电子变换器是应用电力电子器件将一种电能转变为另一种或多种形式电能的装置,按转换电源的种类,可分为 4 种类型:

（1）整流器:将交流电转变为直流电的电能变换器。

（2）逆变器:将直流电转变为交流电的电能变换器,是交流开关电源和不间断电源(UPS)的主要部件。

（3）DC-DC 变换器:将一个电压值的直流电转变为另一个电压值的直流电的电能变换器。

（4）交-交变频器:将一种频率的交流电转变为另一种固定或可变频率的交流电的电能变换器。

这四类电能变换器可以是单向变换的,也可以是双向变换的。单向电能变换器将从一端输入的电能经变换后从另一端输出,双向电能变换器可实现电能的双向流动。

### 2.DC-DC 变换器

DC-DC 变换器包括直接直流变换器和间接直流变换器两种形式,大多情况下是指直接直流变换器。

(1)直接直流变换器又称斩波电路,包括降压斩波电路、升压斩波电路、升降压斩波电路等形式。其功能是将直流电变换为另一固定电压或可调电压的直流电。

(2)间接直流变换器又称直-交-直电路。其功能是先将一种直流电逆变(升压或降压)成交流电,然后再将交流电整流变换成另一种直流电。

单向 DC-DC 变换器只能将能量从一个方向传到另一个方向,双向 DC-DC 变换器可实现能量的双向传输。

双向 DC-DC 变换器是指在保持输入、输出电压极性不变的情况下,根据具体需要改变电流的方向,实现双象限运行的双向直流-直流变换器。双向 DC-DC 变换器是由 Buck 变换器变换而来的,是降压斩波电路与升压斩波电路的组合,在 IGBT 开关管上反向并联二极管,有降压和升压两种工作模式。

## (四)逆变器的功能及工作原理

逆变器及其功率变换模块是船舶动力系统和控制系统的关键设备。

逆变器是将直流电能(电池、蓄电池)转变成定频定压或调频调压交流电的变换器。它由逆变桥、控制电路和滤波电路组成。

逆变器主要由晶体管、IGBT 等开关元件构成,通过有规律地让开关元件重复开、关,由直流电变交流电输出。高压大容量系统一般采用 IGBT 组成的三相全控电压源型逆变单元。

IGBT 是 GTR 与 MOSFET 组成的达林顿结构,是一个由 MOSFET 驱动的厚基区 PNP 晶体管。15 V 的栅极电压即可使其导通,0 V 电压即可使其关断。图 3-3 为 IGBT 外形图和原理示意图。

图 3-3　IGBT 外形图和原理示意图

单相逆变电路模型如图 3-4 所示。$S_1 \sim S_4$ 构成桥式电路:$S_1$、$S_2$ 构成一个桥臂,$S_3$、$S_4$ 构成另一个桥臂,形成两桥臂结构。

当 $S_1$、$S_4$ 闭合,$S_2$、$S_3$ 断开时,电路和波形如图 3-5(a)所示。

当 $S_2$、$S_3$ 闭合,$S_1$、$S_4$ 断开时,电路和波形如图 3-5(b)所示。

图 3-6 为桥式逆变电路和波形图。

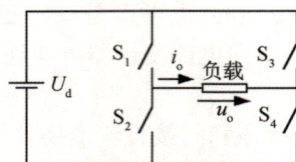

图 3-4　单相逆变电路模型

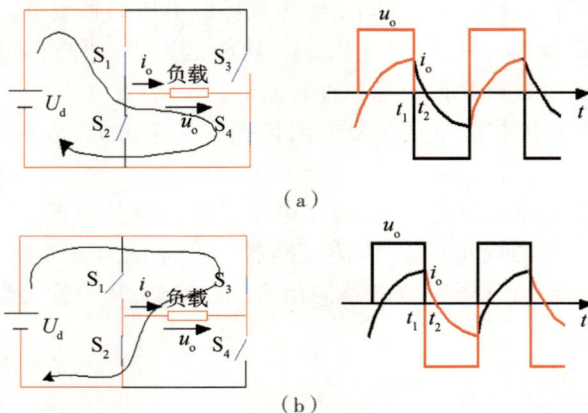

（a）

（b）

图 3-5　单相逆变器电路和波形

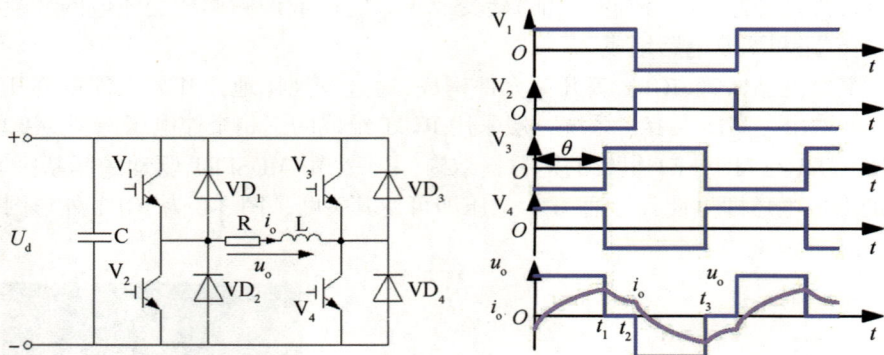

图 3-6　桥式逆变电路和波形图

如图 3-7 所示为电压源型三相桥式逆变电路,可将输入的直流电逆变成三相交流电。

逆变器采用 PWM(脉冲宽度调制技术),将固定的直流电源转换为电压、频率可调的交流电源,再在逆变器外部通过配套相应的滤波器、变压器,即可实现高品质交流供电电源的输出。

在电池动力船舶的电力系统中,锂电池组通过斩波器将电池组的直流电压转换为稳定的直流母线电压,通过直流母线下垂的控制方式实现锂电池组之间的功率分配。推进电机通过推进逆变器从直流母线取电,转换为交流电源驱动运行。

## （五）直流配电系统的工作原理

S-Renewable 包括各个设备控制的变频器、功率管理器(PMS)、推进控制器(PCS)、直流母排及直流开关、熔断器等器件。该系统用于锂电池组的控制和状态监测、推进电机的控制和状态监测、日用电源输出的控制以及故障和报警记录等。

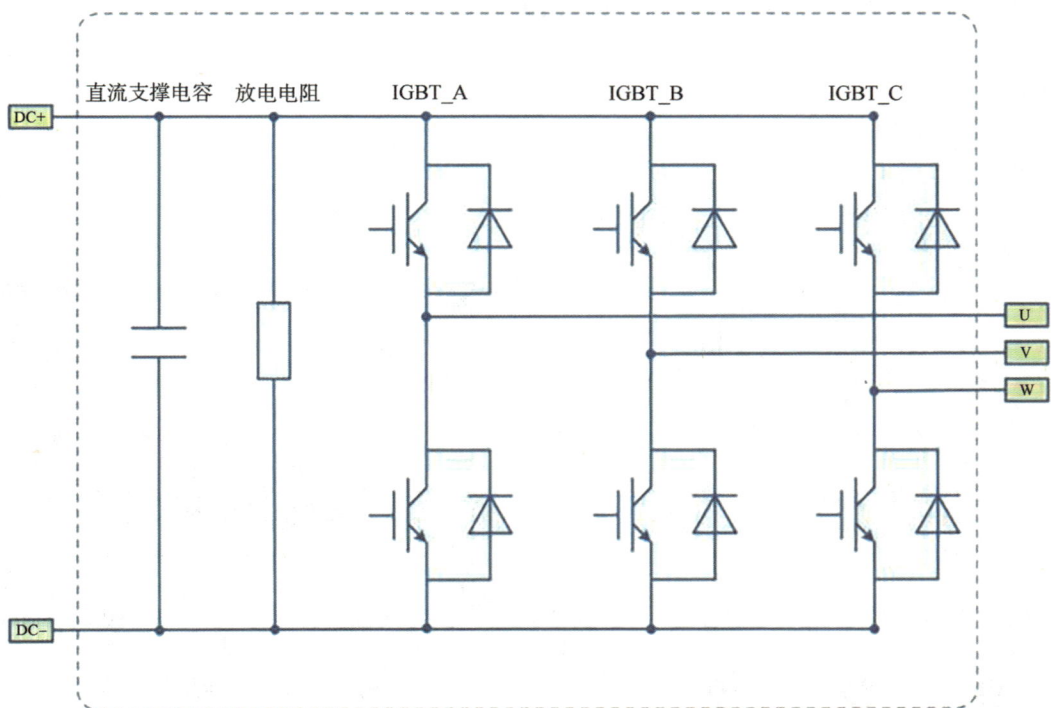

图 3-7　电压源型三相桥式逆变电路

## 1. 直流母线变频控制配电柜

S-Renewable 系统包括控制柜、电池柜、日用柜、主推进柜等,一共有 8 屏:2 屏电池柜 $B_1$、$B_2$;2 屏主推进柜 $M_1$、$M_2$;1 屏侧推柜 $M_3$;2 屏日用柜 $T_1$、$T_2$;1 屏控制柜,如图 3-8 所示。

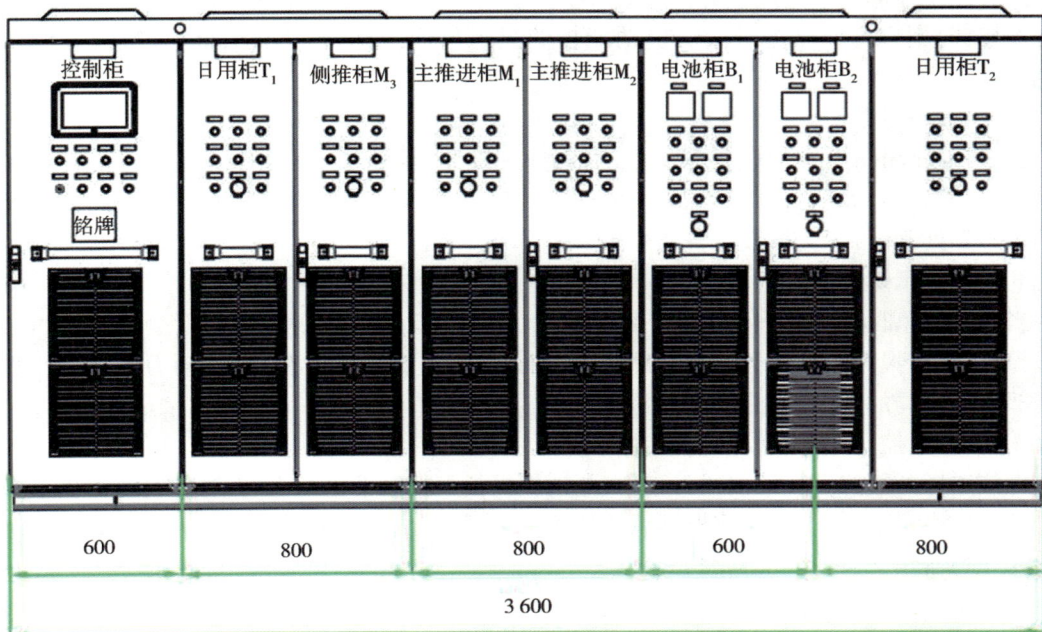

图 3-8　直流母线变频控制配电柜

电池柜提供 637 V 直流电,经过变频后向主推进电机、侧推电机和日用负载供电。

推进逆变侧有 3 套逆变模块,包括:推进电机侧变频器,功率为 330 kW,输出电压为 0~380 V,频率范围为 0~150 Hz;以及侧推电机侧变频器,功率为 90 kW,输出电压为 0~380 V,频率范围为 0~50 Hz。

(1)控制柜

控制柜面板如图 3-9 所示。在控制柜面板上设有触摸屏、警告指示灯、报警指示灯、本地/遥控选择开关、消音按钮和蜂鸣器等。

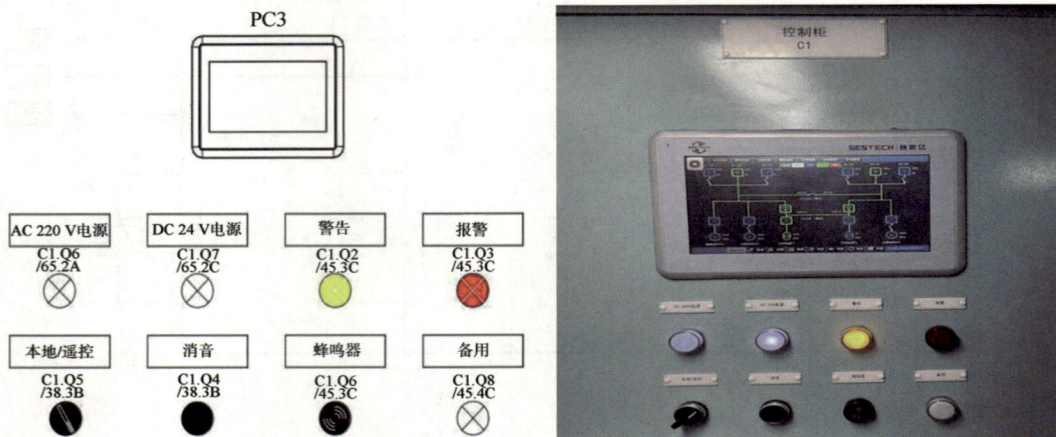

图 3-9　控制柜面板

①触摸屏

触摸屏配置了系统单线图、斩波柜、主推进控制系统、岸电电源系统、日用电源系统的人机界面。操作人员可以方便直观地在人机界面中完成相应操作,在触摸屏上可以进行操作模式的选择和锂电池的启动、停止、并网等基本功能。并且,在人机界面的底部配置了对应功能柜的触控按钮,用户可以点击进入对应功能柜的显示界面,查阅 S-Renewable 系统设备的状态信息。

②警告指示灯

当 S-Renewable 出现任何警告级别的信息时,警告指示灯会闪烁,消音后会常亮。当有新的警告时,警告指示灯会再次闪烁。一般而言,警告不会影响操作设备的运行,但是如果警告长期得不到处理,可能会导致设备故障。

③报警指示灯

当 S-Renewable 出现任何报警级别的信息时,报警指示灯会闪烁,消音后会常亮。当有新的报警时,柜门报警指示灯会再次闪烁。一般而言,当报警发生时,船舶的动力系统已经受到了局部的或全局的影响,不能完全正常工作了。

④本地/遥控选择开关

将该选择开关置于本地模式下,可在电池柜面板上控制锂电池组的放电动作;将该选择开关置于遥控模式下,锂电池组将根据系统的整体运行情况进行自动运行。

⑤蜂鸣器

当 S-Renewable 出现报警或者故障时,蜂鸣器会蜂鸣报警。如果报警或故障消除,蜂鸣器会停止蜂鸣报警。用户也可以通过消音按钮来使蜂鸣器暂时消音,但是如果出现新的报警或者故障,蜂鸣器会恢复蜂鸣报警的状态。

（2）电池柜

电池柜面板如图 3-10 所示。在电池柜面板上设有电池柜停止按钮、电池组休眠按钮、电池柜放电启动按钮、电池柜急停按钮、旁路开关合闸按钮、旁路开关分闸按钮、左/右舷直流母线接地故障报警指示灯、左/右舷直流母线电压表和左/右舷直流母线绝缘电阻表等。

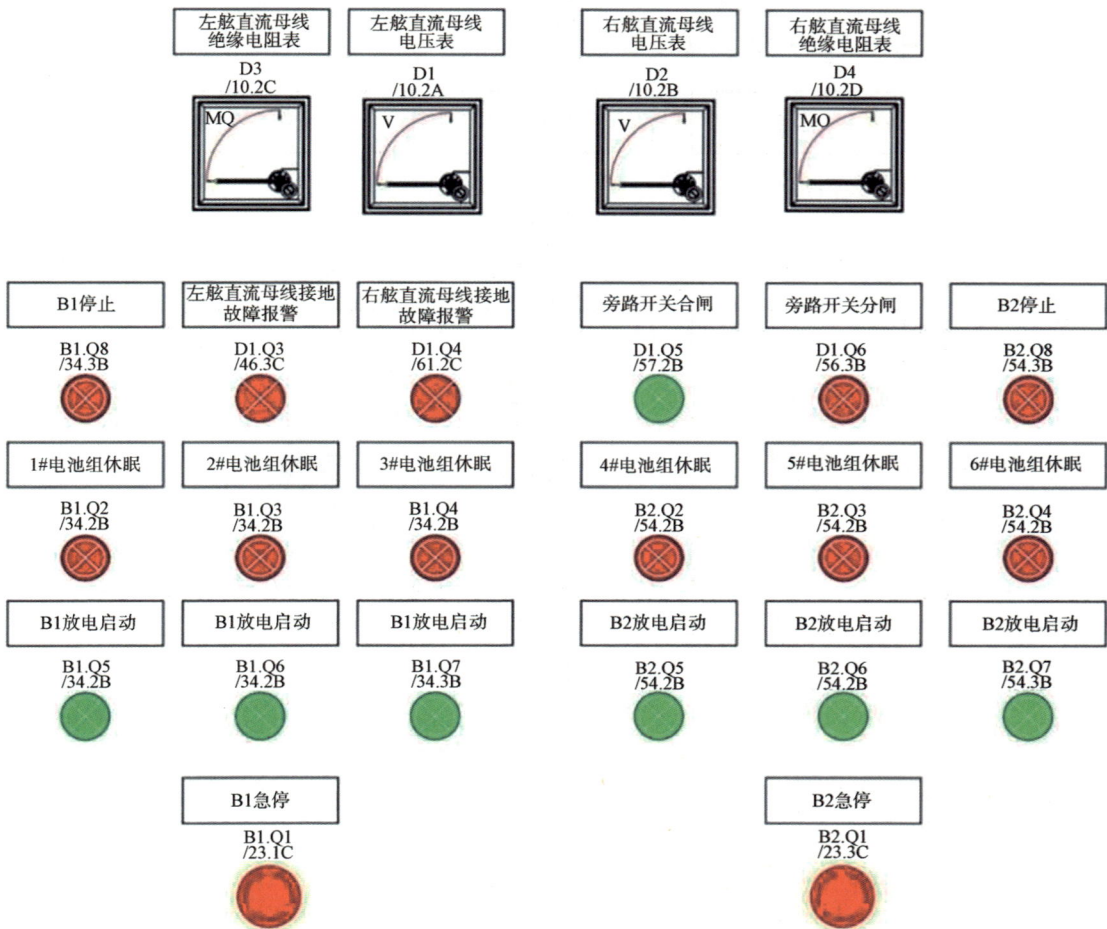

| 左舷直流母线绝缘电阻表 | 左舷直流母线电压表 | | 右舷直流母线电压表 | 右舷直流母线绝缘电阻表 |
|---|---|---|---|---|
| D3/10.2C | D1/10.2A | | D2/10.2B | D4/10.2D |
| MΩ | V | | V | MΩ |

| B1停止 | 左舷直流母线接地故障报警 | 右舷直流母线接地故障报警 | 旁路开关合闸 | 旁路开关分闸 | B2停止 |
|---|---|---|---|---|---|
| B1.Q8/34.3B | D1.Q3/46.3C | D1.Q4/61.2C | D1.Q5/57.2B | D1.Q6/56.3B | B2.Q8/54.3B |

| 1#电池组休眠 | 2#电池组休眠 | 3#电池组休眠 | 4#电池组休眠 | 5#电池组休眠 | 6#电池组休眠 |
|---|---|---|---|---|---|
| B1.Q2/34.2B | B1.Q3/34.2B | B1.Q4/34.2B | B2.Q2/54.2B | B2.Q3/54.2B | B2.Q4/54.2B |

| B1放电启动 | B1放电启动 | B1放电启动 | B2放电启动 | B2放电启动 | B2放电启动 |
|---|---|---|---|---|---|
| B1.Q5/34.2B | B1.Q6/34.2B | B1.Q7/34.3B | B2.Q5/54.2B | B2.Q6/54.2B | B2.Q7/54.3B |

| B1急停 | B2急停 |
|---|---|
| B1.Q1/23.1C | B2.Q1/23.3C |

图 3-10　电池柜面板

相应的操作及功能如下：

①电池柜停止按钮：按下该按钮，锂电池组停止充放电。

②电池组休眠按钮：按下该按钮，锂电池组处于就绪模式，此时锂电池可正常启动/运行。

③电池柜放电启动按钮：按下该按钮，系统处于放电启动、放电运行、电池放空 3 个阶段，表现为按下后指示灯闪烁，直到放电运行时常亮，电池放空后再次闪烁。

④电池柜急停按钮：当出现紧急状况时，按下该按钮，电池柜输入断路器会直接欠压跳闸，锂电池组停止放电。

⑤旁路开关合闸按钮：当按下该按钮时，如果左/右舷直流母线电压差小于 50 V，且 B1.CB1 与 B2.CB1 不同时合闸，则母联断路器闭合；如果电压差大于 50 V，或 B1.CB1 与 B2.CB1 同时合闸，则旁路开关不能闭合。

⑥旁路开关分闸按钮：当按下该按钮时，旁路断路器分闸。

⑦左/右舷直流母线接地故障报警指示灯：当检测到绝缘电阻小于设定值时，报警指示灯

常亮。

⑧左/右舷直流母线电压表:测量直流电压。

⑨左/右舷直流母线绝缘电阻表:测量绝缘电阻。

（3）日用柜

如图 3-11 所示,日用柜 T1 面板上设有运行指示灯、停机指示灯、就绪指示灯、警告指示灯、报警指示灯、复位按钮、急停按钮、加热器启停按钮等。

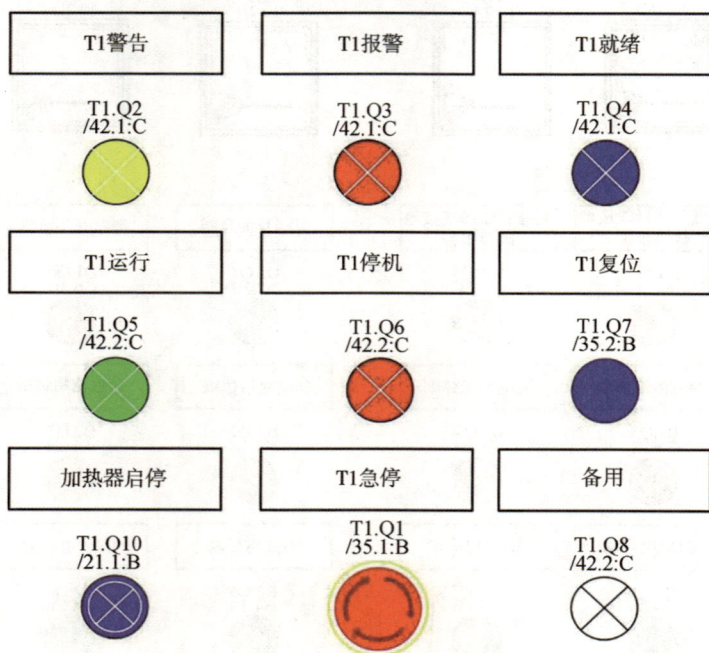

| T1警告 | T1报警 | T1就绪 |
|---|---|---|
| T1.Q2 /42.1:C | T1.Q3 /42.1:C | T1.Q4 /42.1:C |
| T1运行 | T1停机 | T1复位 |
| T1.Q5 /42.2:C | T1.Q6 /42.2:C | T1.Q7 /35.2:B |
| 加热器启停 | T1急停 | 备用 |
| T1.Q10 /21.1:B | T1.Q1 /35.1:B | T1.Q8 /42.2:C |

图 3-11　日用柜 T1 面板

①运行指示灯:当日用电源柜运行时,该指示灯会亮。

②停机指示灯:当日用电源柜停止运行时,该指示灯会亮。

③就绪指示灯:指示系统就绪状态,常亮时允许启动变频器。

④警告指示灯:当日用电源柜中出现任何警告级别的信息时,警告指示灯会闪烁,消音后会常亮。当有新的警告来时,柜门警告指示灯会再次闪烁。一般而言,警告不会影响操作设备的运行,但是如果警告长期得不到处理,可能会导致设备故障。

⑤报警指示灯:当日用电源柜中出现任何报警级别的信息时,报警指示灯会闪烁,消音后会常亮。当有新的报警来时,柜门报警指示灯会再次闪烁。一般而言,当报警发生时,船舶的动力系统已经受到了局部的或全局的影响,不能完全正常工作了。

⑥复位按钮:当有故障或者报警时,在启动前需要先进行复位,若故障或报警消除,则变频器进入待机状态。

⑦急停按钮:当出现紧急状况时,按下该按钮,日用电源柜的输出断路器会直接欠压跳闸,日用电源柜变频器会停止运行。

⑧加热器启停按钮:控制加热器的启动和停止。

日用柜 T2 面板的设置与 T1 相同。

（4）主推进柜

如图 3-12 所示,在主推进柜 M1 面板上设有警告指示灯、报警指示灯、就绪指示灯、运行指示灯、停机指示灯、复位按钮、加热器启停按钮、急停按钮等。

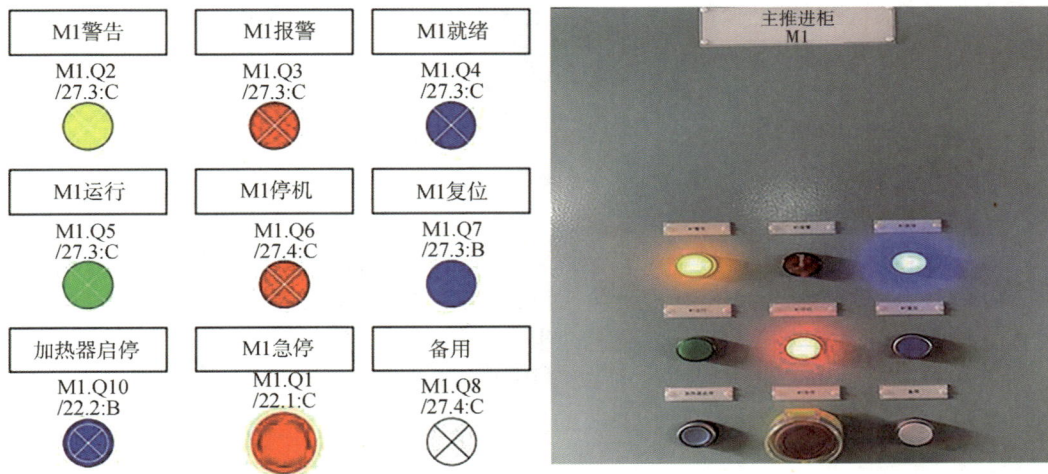

图 3-12　主推进柜 M1 面板

①警告指示灯：当主推进电机驱动柜中出现任何警告级别的信息时，警告指示灯会闪烁，消音后会常亮。当有新的警告来时，柜门警告指示灯会再次闪烁。一般而言，警告不会影响操作设备的运行，但是如果警告长期得不到处理，可能会导致设备故障。

②报警指示灯：当主推进电机驱动柜中出现任何报警级别的信息时，报警指示灯会闪烁，消音后会常亮。当有新的报警来时，柜门报警指示灯会再次闪烁。一般而言，当报警发生时，船舶的动力系统已经受到了局部的或全局的影响，不能完全正常工作了。

③就绪指示灯：指示系统就绪状态，常亮时允许启动变频器。

④运行指示灯：当主推进电机运行时，该指示灯会亮。

⑤停机指示灯：当主推进电机停止运行时，该指示灯会亮。

⑥复位按钮：当有故障或者报警时，在故障或报警消除以后，在启动前需要首先进行复位，变频器才能进入待机状态。

⑦加热器启停按钮：控制加热器的启动和停止。

⑧急停按钮：当出现紧急状况时，按下该按钮，主推进柜的输出断路器会直接欠压跳闸，主推进变频器会停止运行，主推进电机也会停止运行。

主推进柜 M2 面板的设置与 M1 相同。

**2. 系统启动、停止操作**

（1）电池组充电操作

电池组充电主要由岸上充电桩完成，此时配电板供电主要由岸电提供，电源控制柜可以不启动。

（2）系统启动

系统启动步骤如下：

①BMS、电源控制柜、主推进遥控系统的控制电源依次上电；

②驾控台遥控面板挡位打到遥控；

③检查触摸屏是否有报警，若有，可尝试复位；

④在驾控台上选择 T1 启动，1#和 2#电池组顺序启动，日用电源变频器 T1 启动完成之后，在 T1 变频器界面上显示运行；

⑤配电板日用电源断路器自动闭合,电池舱风机启动;

⑥在驾控台遥控面板上选择 M1 或 M2,当主推进变频器运行指示灯转为常亮时,主推进变频器启动完成;

⑦控制手柄给定主推进电机转速。

（3）系统停机

系统停机步骤如下:

①主推进电机转速归零;

②在驾控台遥控面板上选择 M1/M2 选择开关的中间位,主推进变频器运行指示灯熄灭;

③在驾控台遥控面板上先停止电池舱风机,然后配电板日用电源断路器自动分闸,同时停止日用变频器,然后依次停止锂电池组,电池组主断路器分闸;

④日用电源变频器和电池组均停止后,日用变频器运行指示灯熄灭;

⑤主推进遥控系统、电源控制柜、BMS 的控制电源依次断电;

⑥下电完毕。

### 3. HMI 界面及报警信息

（1）HMI 界面

HMI 界面上部有"欢迎页面""总览视图""锂电池组""主推电机""日用电源""侧推电机""实时报警""历史报警"等按钮,点击相应按钮可以进入对应界面。每个界面的下部有"参数设置""登录""注销""网络""亮度""消音""复位""总览"等按钮。

点击"总览视图"按钮,可以很方便地看到日用电源和推进电机的情况,包括"未连接""未就绪""就绪""运行""报警"等按钮,如图 3-13 所示。

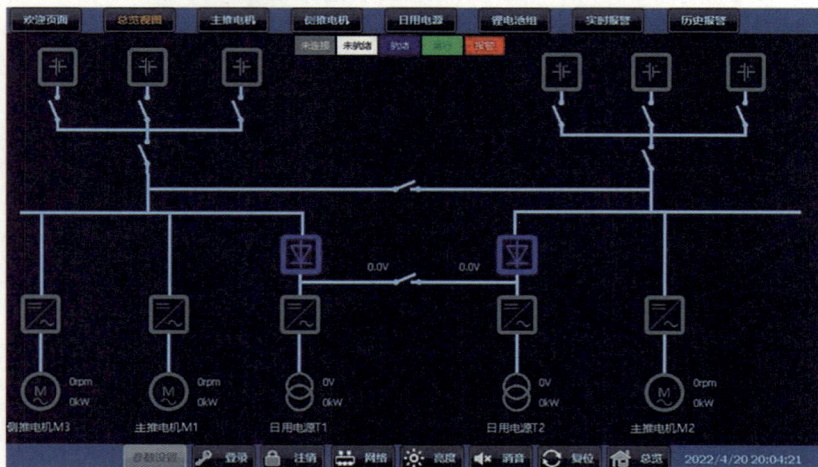

图 3-13 "总览视图"页面

图 3-14 所示为"锂电池组"页面。能量管理系统通过和箱式电源的电池管理系统互联,可以读取电池的功率、电流、SOC(剩余电量)、SOH(总体健康状态)、电池簇总电压,单体最高电压和单体最低电压,单体最高温度和单体最低温度,以及环境温度等数据,监视电池状态,一旦出现异常,立即发出报警。

图 3-15 所示为"主推电机"页面,其显示了两台主推进电机的连接和使用情况,电机的功率、转速、直流电压以及 U、V、W 三相电压和三相电流,电机的驱动端和非驱动端轴承温度。两个转速表分别指示了两台主推进电机的转速。

图 3-14　"锂电池组"页面

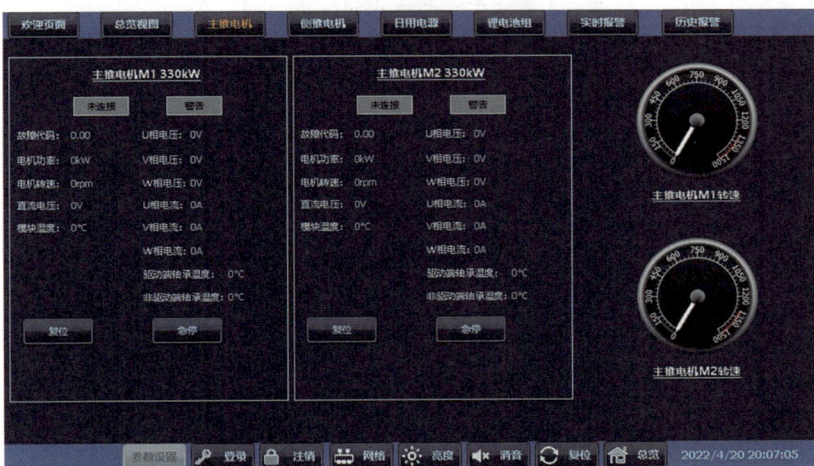

图 3-15　"主推电机"页面

图 3-16 所示为"日用电源"页面,其显示了两台日用电源的输出功率、直流电压、输出电压和电流、输出频率等,此外还显示了功率因数、模块温度、电抗器温度等。

图 3-16　"日用电源"页面

图 3-17 所示为"侧推电机"页面,其显示了侧推电机的连接和使用情况,电机的功率、转速、直流电压以及 U、V、W 三相电压和三相电流,电机的驱动端和非驱动端轴承温度。

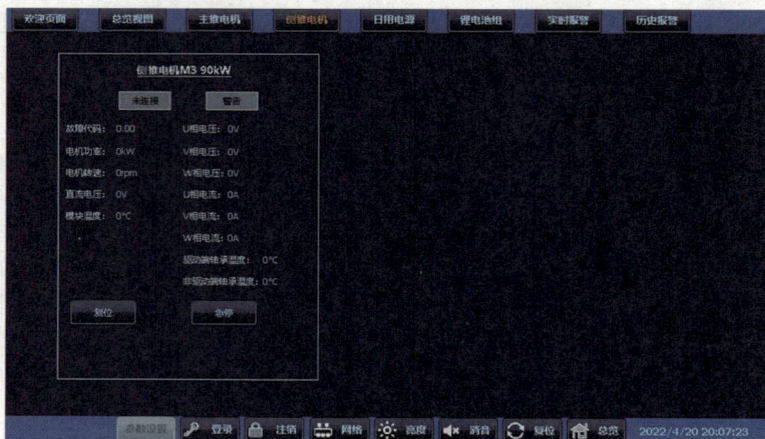

图 3-17　"侧推电机"页面

图 3-18 所示为"实时报警"页面,图 3-19 所示为"历史报警"页面。一旦系统发生故障,发出报警,报警信息将会在"实时报警"页面和"历史报警"页面上显示出来。

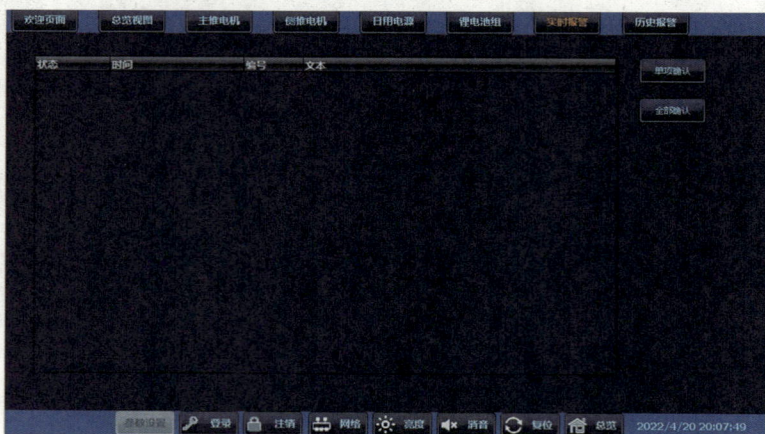

图 3-18　"实时报警"页面

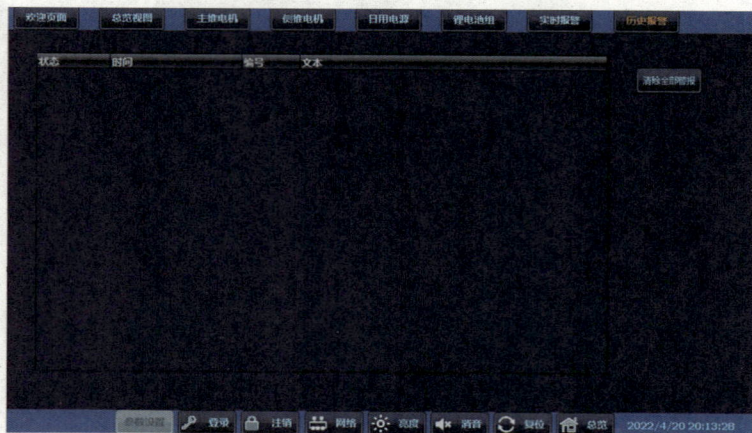

图 3-19　"历史报警"页面

（2）警告和报警信息列表

HMI 提供了详细的警告和报警信息列表，如 3-1 表所示。

表 3-1　警告和报警信息列表

| 序号 | 名称 | 类型 |
|---|---|---|
| 1 | T1 功率模块报警 | ALARM |
| 2 | T1 延时过流报警 | ALARM |
| 3 | T1 瞬时过流报警 | ALARM |
| 4 | T1 直流熔断器熔断报警 | ALARM |
| 5 | T1 系统启动失败报警 | ALARM |
| 6 | T1 功率模块温度超高报警 | ALARM |
| 7 | T1 变压器 U 相绕组温度超高报警 | ALARM |
| 8 | T1 变压器 V 相绕组温度超高报警 | ALARM |
| 9 | T1 变压器 W 相绕组温度超高报警 | ALARM |
| 10 | T1 延时过流警告 | WARNING |
| 11 | T1 功率模块温度高警告 | WARNING |
| 12 | T1 过载警告 | WARNING |
| 13 | T1 变压器 U 相绕组温度高警告 | WARNING |
| 14 | T1 变压器 V 相绕组温度高警告 | WARNING |
| 15 | T1 变压器 W 相绕组温度高警告 | WARNING |
| 16 | T1 日用电源急停警告 | WARNING |
| 17 | T2 功率模块报警 | ALARM |
| 18 | T2 延时过流报警 | ALARM |
| 19 | T2 瞬时过流报警 | ALARM |
| 20 | T2 直流熔断器熔断报警 | ALARM |
| 21 | T2 系统启动失败报警 | ALARM |
| 22 | T2 功率模块温度超高报警 | ALARM |
| 23 | T2 变压器 U 相绕组温度超高报警 | ALARM |
| 24 | T2 变压器 V 相绕组温度超高报警 | ALARM |
| 25 | T2 变压器 W 相绕组温度超高报警 | ALARM |
| 26 | T2 延时过流警告 | WARNING |
| 27 | T2 功率模块温度高警告 | WARNING |
| 28 | T2 过载警告 | WARNING |
| 29 | T2 变压器 U 相绕组温度高警告 | WARNING |
| 30 | T2 变压器 V 相绕组温度高警告 | WARNING |
| 31 | T2 变压器 W 相绕组温度高警告 | WARNING |

| 序号 | 名称 | 类型 |
|------|------|------|
| 32 | T1 日用电源急停警告 | WARNING |
| 33 | B1 锂电池自检报警 | ALARM |
| 34 | B1 单体温度超高报警 | ALARM |
| 35 | B1 环境温度超高报警 | ALARM |
| 36 | B1 锂电池组绝缘过低报警 | ALARM |
| 37 | B1 锂电池组 SOC 过低报警 | ALARM |
| 38 | B1 锂电池组总压过高报警 | ALARM |
| 39 | B1 锂电池组总压过低报警 | ALARM |
| 40 | B1 锂电池组充电过流报警 | ALARM |
| 41 | B1 锂电池组放电过流报警 | ALARM |
| 42 | B1 锂电池组压差过大报警 | ALARM |
| 43 | B1 锂电池组温差过大报警 | ALARM |
| 44 | B1 单体电压高警告 | WARNING |
| 45 | B1 单体电压低警告 | WARNING |
| 46 | B1 串联回路电流高警告 | WARNING |
| 47 | B1 单体温度高警告 | WARNING |
| 48 | B1 环境温度高警告 | WARNING |
| 49 | B1 环境温度低警告 | WARNING |
| 50 | B1 报警停止运行警告 | WARNING |
| 51 | B1 BMS 与 EMS 通信失败警告 | WARNING |
| 52 | B1 SOC 低警告 | WARNING |
| 53 | B2 锂电池自检报警 | ALARM |
| 54 | B2 单体温度超高报警 | ALARM |
| 55 | B2 环境温度超高报警 | ALARM |
| 56 | B2 锂电池组绝缘过低报警 | ALARM |
| 57 | B2 锂电池组 SOC 过低报警 | ALARM |
| 58 | B2 锂电池组总压过高报警 | ALARM |
| 59 | B2 锂电池组总压过低报警 | ALARM |
| 60 | B2 锂电池组充电过流报警 | ALARM |
| 61 | B2 锂电池组放电过流报警 | ALARM |
| 62 | B2 锂电池组压差过大报警 | ALARM |
| 63 | B2 锂电池组温差过大报警 | ALARM |
| 64 | B2 单体电压高警告 | WARNING |

| 序号 | 名称 | 类型 |
|------|------|------|
| 65 | B2 单体电压低警告 | WARNING |
| 66 | B2 串联回路电流高警告 | WARNING |
| 67 | B2 单体温度高警告 | WARNING |
| 68 | B2 环境温度高警告 | WARNING |
| 69 | B2 环境温度低警告 | WARNING |
| 70 | B2 报警停止运行警告 | WARNING |
| 71 | B2 BMS 与 EMS 通信失败警告 | WARNING |
| 72 | B2 SOC 低警告 | WARNING |
| 73 | M1 功率模块报警 | ALARM |
| 74 | M1 延时过流报警 | ALARM |
| 75 | M1 瞬时过流报警 | ALARM |
| 76 | M1 直流熔断器熔断报警 | ALARM |
| 77 | M1 启动失败报警 | ALARM |
| 78 | M1 超速报警 | ALARM |
| 79 | M1 驱动端轴承温度超高报警 | ALARM |
| 80 | M1 非驱动端轴承温度超高报警 | ALARM |
| 81 | M1 延时过流警告 | WARNING |
| 82 | M1 U 相电压高警告 | WARNING |
| 83 | M1 V 相电压高警告 | WARNING |
| 84 | M1 W 相电压高警告 | WARNING |
| 85 | M1 X 相电压低警告 | WARNING |
| 86 | M1 Y 相电压低警告 | WARNING |
| 87 | M1 Z 相电压低警告 | WARNING |
| 88 | M1 频率高警告 | WARNING |
| 89 | M1 频率低警告 | WARNING |
| 90 | M1 功率模块温度高警告 | WARNING |
| 91 | M1 驱动端轴承温度高警告 | WARNING |
| 92 | M1 非驱动端轴承温度高警告 | WARNING |
| 93 | M2 功率模块报警 | ALARM |
| 94 | M2 延时过流报警 | ALARM |
| 95 | M2 瞬时过流报警 | ALARM |
| 96 | M2 直流熔断器熔断报警 | ALARM |
| 97 | M2 启动失败报警 | ALARM |

| 序号 | 名称 | 类型 |
|---|---|---|
| 98 | M2 超速报警 | ALARM |
| 99 | M2 驱动端轴承温度超高报警 | ALARM |
| 100 | M2 非驱动端轴承温度超高报警 | ALARM |
| 101 | M2 延时过流警告 | WARNING |
| 102 | M2 U 相电压高警告 | WARNING |
| 103 | M2 V 相电压高警告 | WARNING |
| 104 | M2 W 相电压高警告 | WARNING |
| 105 | M2 X 相电压低警告 | WARNING |
| 106 | M2 Y 相电压低警告 | WARNING |
| 107 | M2 Z 相电压低警告 | WARNING |
| 108 | M2 频率高警告 | WARNING |
| 109 | M2 频率低警告 | WARNING |
| 110 | M2 功率模块温度高警告 | WARNING |
| 111 | M2 驱动端轴承温度高警告 | WARNING |
| 112 | M2 非驱动端轴承温度高警告 | WARNING |
| 113 | M3 功率模块报警 | ALARM |
| 114 | M3 延时过流报警 | ALARM |
| 115 | M3 瞬时过流报警 | ALARM |
| 116 | M3 直流熔断器熔断报警 | ALARM |
| 117 | M3 启动失败报警 | ALARM |
| 118 | M3 超速报警 | ALARM |
| 119 | M3 驱动端轴承温度超高报警 | ALARM |
| 120 | M3 非驱动端轴承温度超高报警 | ALARM |
| 121 | M3 延时过流警告 | WARNING |
| 122 | M3 U 相电压高警告 | WARNING |
| 123 | M3 V 相电压高警告 | WARNING |
| 124 | M3 W 相电压高警告 | WARNING |
| 125 | M3 X 相电压低警告 | WARNING |
| 126 | M3 Y 相电压低警告 | WARNING |
| 127 | M3 Z 相电压低警告 | WARNING |
| 128 | M3 频率高警告 | WARNING |
| 129 | M3 频率低警告 | WARNING |
| 130 | M3 功率模块温度高警告 | WARNING |

| 序号 | 名称 | 类型 |
|------|------|------|
| 131 | M3 驱动端轴承温度高警告 | WARNING |
| 132 | M3 非驱动端轴承温度高警告 | WARNING |
| 133 | 控制柜 AC 220 V 电源报警 | ALARM |
| 134 | 控制柜 DC 24 V 电源报警 | ALARM |
| 135 | 左舷直流母线电压欠压报警 | ALARM |
| 136 | 左舷直流母线电压过压报警 | ALARM |
| 137 | 右舷直流母线电压欠压报警 | ALARM |
| 138 | 右舷直流母线电压过压报警 | ALARM |
| 139 | 母线直流熔断器熔断报警 | ALARM |

### 4. 维护保养及操作注意事项

（1）船员日常维护保养要点

①功率管理系统日常维护与检查

a.检查系统各传感器是否工作正常,包括电池系统和船舶配电系统的监测、报警和保护功能是否正常;

b.查看 PMS 现有警报及历史警报数据记录,综合研判系统的工作状态是否良好;

c.船员可以在 PMS 触摸屏上进行动力电池启停、逆变器切换等测试,查看 PMS 功能是否正常。

②直流母排日常维护与检查

a.直流母排正常供电时,检查高压部分配电板柜门是否处于关闭状态;

b.如系统使用了熔断器,应当提供适当的标识,并在船上存有备件,持有安装替换熔断器的说明;

c.每周应检查机舱、集控台内不间断电源（UPS）和充放电板的状态,避免长期未充电导致电池电量低而无法为直流配电板提供控制电源;

d.如直流母排采用水冷冷却方式,应定期检查内循环水压和水温是否正常,工作压力区间一般为 1.5~2.5 bar,冷却水温控制在 25 ℃以内;

e.船舶在发生断电或岸电切换复电后应检查 PMS 是否出现逆变器报警,确认逆变器是否处于正常工作状态。

（2）操作管理注意事项

配电柜操作使用时必须严格遵守安全预防措施和相关的操作规程,任何错误的操作方法都可能导致人员伤害和设备损坏。产品在设计时已充分考虑到人员的安全,但操作时仍必须遵守一些注意事项。

①只有具备资质的专业人员才可以对产品进行安装或维护,同时应仔细阅读配电柜的用户手册。

②维护时要采取必要的安全措施,如戴绝缘手套、安排其他监护人员在场等。

③上电前须锁好柜门,禁止打开柜门运行。

④禁止用潮湿物品接触设备内部。

⑤在主电源断开后的 10 min 内禁止打开柜门,更不能接触设备内部的任何器件。

⑥配电柜在使用过程中必然会不断地堆积灰尘以及各种杂质,必须定期进行清理维护。

⑦应该经常检查接地电阻是否符合设备运行的要求,是否符合国家标准的要求。接地电阻不符合要求会造成危险。

⑧在进行任何安装工作之前,必须断开配电柜的电网输入电源。

⑨直到所有的安装工作完成之后才允许配电柜上电。

⑩在通电情况下,禁止对配电柜、发电机电缆或发电机进行作业。在切断电源之后,必须等待 10 min,才能对配电柜、发电机电缆或发电机进行作业。

⑪在开始维护工作之前,务必确认配电柜已经放电完毕。在对配电柜进行作业之前,应暂时将配电柜接地。

⑫在处理完成后,应先检查电缆连接,再接通电源。

### (六)推进控制系统

#### 1.概述

整个船舶电力系统共接入 3 个锂电池集装箱,每个锂电池集装箱配备 2 组电池,每组容量为 770 kW·h,整艘锂电池容量共计 4 620 kW·h。经过集中式的直流母线变频控制配电系统在直流母线上进行并网,通过 2 台 330 kW 逆变器连接 2 台主推进电机,1 台 90 kW 逆变器连接侧推电机,由此组成船舶推进控制系统(PCS)。

PCS 主要负责船舶推进系统的控制。广义的 PCS 主要由 2 部分组成,分别是遥控控制面板和狭义的 PCS 控制器。其中:遥控控制面板主要负责人机界面,即为船舶操作人员提供操作的接口;狭义的 PCS 控制器集成于 S-Renewable 控制器中,可进行对推进电机的控制、驱动和安保等一系列操作。

主推进电机采用转速控制模式,PCS 接受遥控控制面板提供的参考转速信号,核心处理程序由 S-Renewable 的控制器完成,实现对主推进电机的转速控制。PCS 具备如下功能:

①主推进电机参考转速的给定;

②主推进电机的启动;

③主推进电机的停止;

④主推进电机的急停;

⑤主推进电机限功率运行;

⑥主推进电机故障降速和故障停车及其越控;

⑦遥控断线检测。

PCS 采用转速控制的方法对电机进行控制。一般来说,转速控制参考信号有下面三种来源:

①模拟量,即操作摇杆的信号。遥控控制面板会发出 4~20 mA 的模拟信号传输给 PCS,该控制属于随动控制。该信号由遥控控制面板通过接口板传输至 S-Renewable 控制器中。如果传输控制电缆断开,PCS 具备断线检测功能,会将转速降低至 0,并且在 S-Renewable 控制柜的触摸屏上和遥控控制面板上提供相应的报警指示。

②开关量,即通过电机升速和电机降速,遥控控制面板提供相应的开关量干结点信号,属于非随动控制。主推进电机的输出转速由开关量来调整,对于主推进电机换向,通过遥控控制面板上的推进方向选择开关进行换向,然后通过"电机升速"和"电机降速"按钮来设定推进电

机转速的输出。该信号由遥控控制面板通过接口板传输至 S-Renewable 控制器中。电机升速和电机降速具备硬件互锁功能,即当同时按下"电机升速"和"电机降速"按钮时,PCS 会维持当前的操作不变。随动控制和非随动控制属于常规控制,通过遥控控制面板提供的"转速设定位"来选择。

③功率限制模式,该信号来自 PCS 的计算,具有比上述 2 个条件更高的优先级,即当功率限制模式被触发时,只能在所限制的功率范围内控制转速。

## 2.主推进电机

主推进电机为宁德时代电机科技有限公司生产的型号为 TZZ400XS-330-01-H 的水冷船用永磁同步电机,是整个船舶的动力部件。其工作原理为:当永磁同步电机的定子通入三相交流电时,三相电流在三相定子绕组中产生旋转磁场;该旋转磁场与永磁转子的磁钢磁场相互作用产生电磁力,从而驱动转子以与定子旋转磁场同步的转速旋转,使电能转换为机械能。主推进电机相关参数如表 3-2 所示。

表 3-2　主推进电机相关参数

| | |
|---|---|
| 额定功率(kW) | 330 |
| 额定电压(V/AC) | 380 |
| 额定电流(A) | 555 |
| 额定扭矩(N·m) | 2 101 |
| 额定转速(r/min) | 1 500 |
| 旋变极对数 | 6 |
| 重量(kg) | ≤490 |
| 工作环境温度(℃) | −40～60 |
| 冷却液流量(L/min) | ≥40 |
| 执行标准 | 《钢质海船入级规范》及技术协议 |

1)电机相关报警点

(1)前轴承温度;

(2)后轴承温度;

(3)电机绕组温度:U 相、V 相和 W 相。

2)常见故障检查方法

(1)电机温度报警故障

故障现象:监控系统或仪表显示电机温度报警。

故障排除:首先检查电机温度传感器,查看 Pt100 端子是否出现松动现象。排除外部故障后,使用万用表对 Pt100 电阻进行检测:用万用表测量接线排 1 的端子 1 和端子 2 之间的电阻值,不得大于 159 Ω(温度 155 ℃时);同理,测量端子 3 和端子 4、端子 5 和端子 6、端子 7 和端子 8、端子 9 和端子 10 以及端子 11 和端子 12 共 6 组电阻值,如果端子之间的电阻值大于规定的最大值,则电机需要停止运行。表 3-3 为接线排 1 对照表。

表 3-3　接线排 1 对照表

| 接线端子号 | 定义 |
|---|---|
| 16 | 前轴承测温 Pt100 |
| 15 | |
| 14 | 后轴承测温 Pt100 |
| 13 | |
| 12 | 绕组测温 6 Pt100 |
| 11 | |
| 10 | 绕组测温 5 Pt100 |
| 9 | |
| 8 | 绕组测温 4 Pt100 |
| 7 | |
| 6 | 绕组测温 3 Pt100 |
| 5 | |
| 4 | 绕组测温 2 Pt100 |
| 3 | |
| 2 | 绕组测温 1 Pt100 |
| 1 | |

（2）旋转变压器故障

故障现象：电机抖动，无法正常工作。

故障排除：首先检查电机旋变线束端子接口部分，查看是否出现松动现象。排除外部故障后，使用万用表对旋转变压器的电阻进行检测：用万用表测量接线排 2 的端子 1 和端子 2 之间的电阻值（应为 16 ±1.6 Ω），端子 3 和端子 4 之间的电阻值（应为 63 ±6.3 Ω），端子 5 和端子 6 之间的电阻值（应为 55 ±5.5 Ω）。如果测量正常，而电机仍不能工作，可能是内部旋转变压器损坏或其他原因，需要联系专业人士或厂家进行修理。表 3-4 为接线排 2 对照表。

表 3-4　接线排 2 对照表

| 接线端子号 | 定义 | |
|---|---|---|
| 16 | 空 | |
| 15 | 空 | |
| 14 | 加热带 AC 220 V | 防潮加热带（前+后） |
| 13 | 50 W | 防潮加热带（前+后） |
| 12 | 空 | |
| 11 | 空 | |
| 10 | 绕组温度保护 PTC | 绕组温度保护 |
| 9 | | 绕组温度保护 |

（续表）

| 接线端子号 | 定义 | | |
|:---:|:---:|:---:|:---:|
| 8 | 空 | | |
| 7 | 空 | | |
| 6 | 旋转变压器 | 蓝 | 正弦负 |
| 5 | | 白 | 正弦正 |
| 4 | | 绿 | 余弦负 |
| 3 | | 黄 | 余弦正 |
| 2 | | 黑 | 励磁负 |
| 1 | | 红 | 励磁正 |

3）主推进控制柜（主推柜）

主推柜上指示灯用于主推进系统电机、变频器及遥控系统的状态指示：就绪、运行及停机和报警状态。加热器启停按钮控制主推进电机的加热带的通断电。主推柜面板如图 3-20 所示。

图 3-20　主推柜面板

4）控制柜（显示屏）

控制柜由两路供电：①交流配电板，AC 220 V；②充放电板，DC 24 V。

当 AC 220 V 与 DC 24 V 电源接通时，220 V 与 24 V 电源指示灯亮。

控制柜显示屏分布于机舱直流母线配电控制柜及驾驶台，用于推进电机的合闸状态与相关报警显示。

5）主推进遥控系统

（1）系统组成

①驾控部分：由驾控台遥控面板、触摸屏、驾控台内电气安装板组成。

通过驾驶台主推进操作板可实现以下功能：

a.遥控系统驾控、机旁控制位置转换；

b.遥控系统驾控主机急停；

c.遥控系统故障停机越控；

d.遥控面板按钮指示灯调光；

e.遥控面板按钮指示灯试灯；

f.系统报警消声/应答；

g.功率限制取消；

h.变频器复位；

i.电机启动及停止；

j.电机应急模式选择；

k.电机应急正车及倒车；

l.电机应急加速及减速；

m.推进齿轮箱油泵远程启动及停止。

通过驾驶台主推进操作手柄可控制左/右推进电机的转速及方向。图 3-21 所示为驾驶台主推进操作板；图 3-22 所示为驾驶台主推进控制手柄。

图 3-21　驾驶台主推进操作板

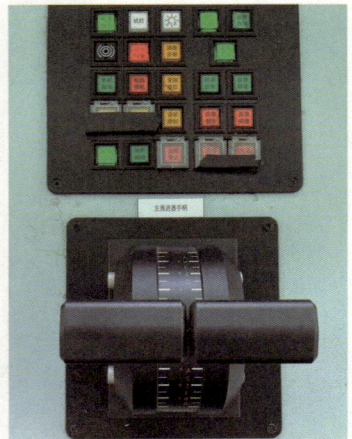

图 3-22　驾驶台主推进控制手柄

②机舱部分：包含一套机旁控制箱，由两路电源供电。

a.交流配电板：AC 220 V。

b.充放电板：DC 24 V，其作用是采集有关变频控制柜信号、机旁控制箱按钮信号，驱动指示灯及显示仪表，输出指令信号。

（2）系统功能

①推进系统数据采集与监控

图 3-23 所示为驾驶台主推进监控板；图 3-24 所示为监控主页面。

图 3-23　驾驶台主推进监控板

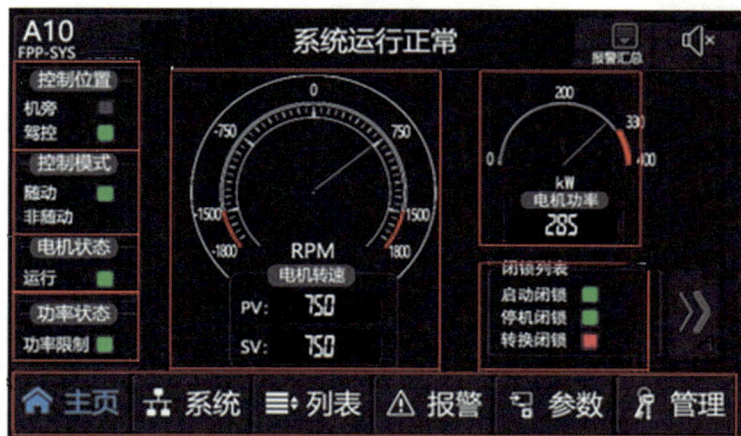

图 3-24　监控主页面

注意:若主推柜就绪指示灯无信号,电机无法启动,可点击"闭锁列表",查看具体报警及未满足的启动条件,对应的条件满足即可。

图 3-25 所示为系统页面。该页面显示系统模块的在线状态(绿色表示工作正常,红色表示通信异常)。

图 3-26 所示为列表页面。该页面显示系统采集的所有报警监测的数据测点,在该页面上可查看测点的当前状态。

图 3-27 所示为报警页面。该页面显示系统中出现的报警信息,可通过上、下按键查看历史报警记录。

②控制权限的转移

a.遥控→本地

Ⅰ.在驾驶台操作

i.将驾驶台推进手柄归至零位,按下驾驶台操作面板上"机旁有效"按钮请求;

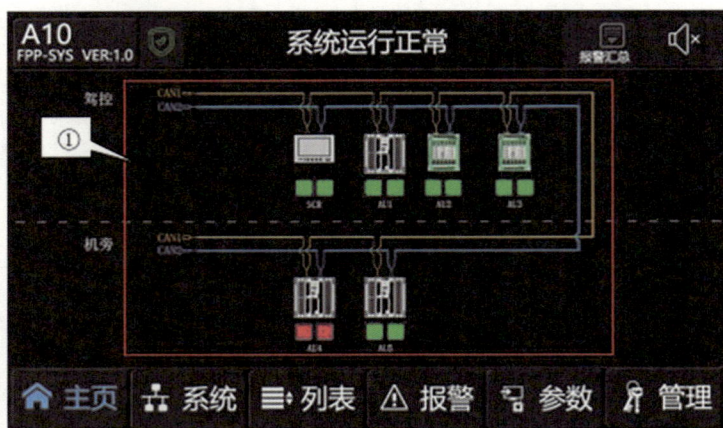

图 3-25　系统页面

图 3-26　列表页面

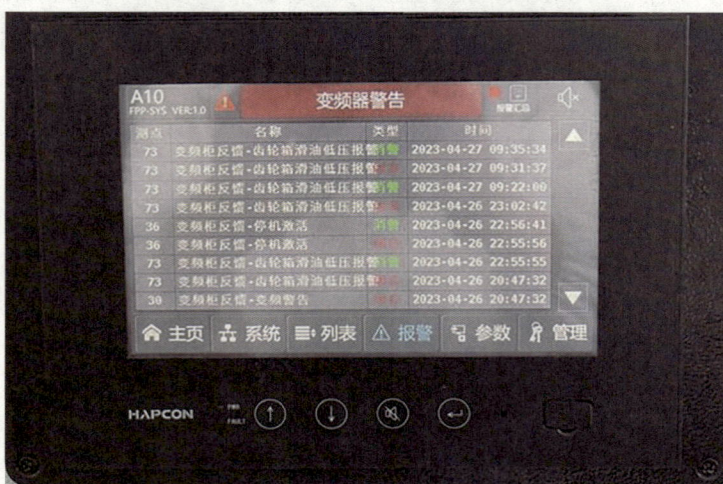

图 3-27　报警页面

ii.按下机舱本地遥控控制箱上的"机旁有效"按钮应答。

Ⅱ.在机舱操作

i.按下机舱本地遥控控制箱上的"机旁有效"按钮请求;

ii.将驾驶台推进手柄归至零位,按下操作面板上的"机旁有效"按钮应答。

Ⅲ.本地强制权限转换

在机舱本地遥控控制箱上长按"机旁有效"按钮5 s以上,完成权限转移。

b.本地→遥控

Ⅰ.在机舱操作

i.将驾驶台推进手柄归至零位,按下机舱本地遥控控制箱上的"驾控有效"按钮请求;

ii.在驾驶台操作面板上按下"驾控有效"按钮应答。

Ⅱ.在驾驶台操作

i.将驾驶台推进手柄归至零位,按下操作面板上的"驾控有效"按钮请求;

ii.按下本地遥控控制箱上的"驾控有效"按钮应答。

③操作模式选择

主机遥控系统设有两种操作模式可供选择:随动模式和应急模式。

按下"应急模式"按键后系统进入该模式,可通过驾驶台操作面板及本地遥控控制箱上的按钮来控制正车、倒车、加速、减速,操作推进电机在不同状态下运转。

④遥控启动及本地启动

电机的启动联锁条件包括:紧急停车信号未复位;变频器故障调速未复位;变频器故障降速未复位;变频器故障停车未复位;推进手柄未在零位;变频器无备妥信号;齿轮箱油泵未运行;推进电机冷却水泵未运行。

启动前应确认:电机周围无异物;驾驶台推进手柄归至零位;冷却水泵运行;齿轮箱滑油泵运行。

遥控启动:无上述启动联锁条件报警且"驾控有效"指示灯亮,启动前检查正常,主推柜就绪指示灯亮,直流变频控制系统显示屏"主推电机"页面就绪显示正常,则电机满足启动条件。按下遥控操作面板上的"电机启动"按钮,电机启动完成以后,"电机启动"按钮常亮,即电机启动完成。

本地启动:满足上述条件且"机旁有效"指示灯亮,按下本地遥控控制箱上的"电机启动"按钮,按钮常亮即电机启动完成。

⑤遥控调速

驾控有效且在随动模式下,电机启动完成后,通过手动正/倒推动驾驶台主推进操作手柄即可完成对推进电机的转速控制。

⑥遥控正常停机

驾控有效且在随动模式下,推进电机运行,将驾驶台主推进操作手柄归至零位以后,按下操作面板上的"电机停机"按钮,电机停止运行以后,"电机启动"指示灯熄灭。

主推进控制系统常见故障及其应对措施如表3-5所示。

表 3-5　主推进控制系统常见故障及其应对措施

| 序号 | 故障描述 | 故障解决 |
|---|---|---|
| 1 | 主电源故障 | 检查主电源的开关是否合闸（AC 220 V）；<br>根据电路图检查供电短路器的开关是否脱扣 |
| 2 | 备用电源故障 | 检查备用电源的开关是否合闸（DC 24 V）；<br>根据电路图检查供电短路器的开关是否脱扣 |
| 3 | 电机启动闭锁 | 查看驾控触摸屏首页闭锁列表中启动闭锁指示灯状态；<br>点击"扩展页"按钮，进入闭锁页，查看具体哪一项条件不满足；<br>针对不满足条件，进行故障排查 |
| 4 | 通信网络异常 | 查看驾控触摸屏系统页；<br>查看 CAN 网络节点故障状态；<br>针对故障节点排查线路或模块供电情况 |
| 5 | 控制站权限转移故障 | 检查驾控手柄位置，若不在零位，将手柄归至零位 |
| 6 | HMI 触摸屏故障 | CAN 网络故障，查看网络节点故障状态；<br>HMI 触摸屏损坏 |
| 7 | 手柄故障 | 检查手柄电源、信号端子是否松动；<br>按手柄校准程序，重新校准手柄 |

## （七）侧推遥控系统

（1）系统组成

①驾驶台部分：由驾控台操作面板、触摸屏、安装板组成。

驾驶台侧推操作板可实现下列功能：

a.遥控系统驾控、机旁控制位置转换；

b.变频器复位；

c.电机启动/停止；

d.重载问询；

e.遥控面板按钮指示灯调光；

f.遥控面板按钮指示灯试灯；

g.系统报警消声/应答；

h.遥控系统驾控主机急停；

i.电机应急模式选择；

j.电机应急正车/倒车；

k.电机应急加速/减速。

侧推操作手柄可在驾驶台遥控操作侧推电机的转速及转向。

仪表及触摸屏通过图表显示设备运行实时参数、系统状态、系统报警状态，通过权限管理，开放系统参数设置。

②侧推舱部分：包括一套遥控系统机旁控制箱，由两路电源供电，即交流配电板（AC 220 V）和充放电板（DC 24 V），采集变频器控制柜相关信号、机旁控制箱按钮信号，驱动指示

灯及显示仪表,输出相关指令信号。

（2）系统功能

①侧推系统各项数据的采集与监控（显示页面及数据可参照主推进显示面板章节内容）。

②控制权限的转移

a.遥控→本地

Ⅰ.在驾驶台操作

i.将驾驶台侧推手柄归至零位,按下驾驶台操作面板上的"机旁有效"按钮请求;

ii.按下侧推舱本地遥控控制箱上的"机旁有效"按钮应答。

Ⅱ.在侧推舱操作

i.按下侧推舱本地遥控控制箱上的"机旁有效"按钮请求;

ii.将驾驶台侧推手柄归至零位,按下操作面板上的"机旁有效"按钮应答。

Ⅲ.本地强制权限转换

在侧推舱本地遥控控制箱上长按"机旁有效"按钮5 s以上,完成权限转移。

b.本地→遥控

Ⅰ.在侧推舱操作

i.将驾驶台侧推手柄归至零位,按下侧推舱本地遥控控制箱上的"驾控有效"按钮请求;

ii.按下驾驶台操作面板上的"驾控有效"按钮应答。

Ⅱ.在驾驶台操作

i.将驾驶台侧推手柄归至零位,按下操作面板上的"驾控有效"按钮请求;

ii.按下侧推舱本地遥控控制箱上的"驾控有效"按钮应答。

③操作模式选择

侧推遥控系统设有两种操作模式可供选择:随动模式和应急模式。

按下"应急模式"按键后系统进入该模式,可通过驾驶台侧推操作面板及本地遥控控制箱上的按钮来控制正车、倒车、加速、减速,操作侧推电机在不同状态下运转。

④重载问询

如果驾控有效,在侧推电机启动前,按下驾控操作面板上的"重载问询"按钮,"重载问询"按钮指示灯闪烁,系统向直流组网发送重载请求信号;当直流组网备好且允许时,"重载问询"按钮指示灯常亮。

⑤遥控启动及本地启动

侧推电机启动联锁条件包括:侧推操作手柄未归至零位;侧推变频器故障未复位;重载问询未反馈"启动允许"信号;紧急停车未复位,不能启动侧推电机。

如果驾控有效,在随动模式下,启动条件成立。当启动条件允许时,在驾控面板上手动按下"电机启动"按钮,系统向变频控制柜发送"电机启动"信号有效,驾控面板上"电机启动"按钮灯闪烁,变频控制柜反馈"电机运行反馈"信号有效。驾控面板上"电机启动"按钮灯常亮,完成电机启动;反之无法启动,并产生启动闭锁报警。

本地启动:满足上述条件且"机旁有效"指示灯亮,按下本地遥控控制箱上的"电机启动"按钮,按钮常亮即电机启动完成。

⑥遥控停机

如果驾控有效,在随动模式下,推进电机运行,手动推动手柄回空挡,在驾控面板上手动按下"电机停机"按钮,系统向变频控制柜发送"电机停机"信号有效,驾控面板"电机启动"按钮灯熄灭。

⑦遥控急停

遥控系统在驾控遥控面板、机旁箱上设置"紧急停车"按钮,任意时刻按下任意位置的"紧急停车"按钮,系统"硬线"将急停开关量信号传送给遥控系统;同时,遥控系统接收急停开关量信号,将转速指令设置为零。

### （八）充电柜设施的整流模块

在电池动力船舶上,电池是船舶的主动力来源,无论是锂电池还是超级电容电池,单体电池数量多、容量大。相比于常规船舶,其对充电装置的安全性、操作和维护保养有更高的要求。在电池动力船舶上,电池充电方法与电动汽车相似,但因电池数量多,为了快速获得能量补充,常采用快充模式,充电电压从 380 V 到 950 V 不等,充电电缆防护要求高,电缆长度相对较大且操作复杂,对人员防护和安全操作也有更高的要求。以电路原理结构划分,有工频相控型充电装置和高频开关电源型充电装置(又可以分为隔离型和非隔离型)、接触式充电装置和感应式充电装置。根据应用领域划分,有船载充电装置和港口、码头加油站式充电装置两大类。

充电柜设施需要将市电交流电变换成直流电,需要用到整流装置。整流电路是整个系统的核心部分。接触式充电装置就是主整流电路、控制电路与接插件的组合。主电路实现直流大电流的流通,控制电路实现一定的程序控制。为了保证接触良好,对接插件有许多要求,例如防止脱落、便于插入和取出等。图 3-28 是三相桥式可控整流电路原理图。阴极连接在一起的 3 个晶闸管( $VT_1$、$VT_3$、$VT_5$ ),称为共阴极组;阳极连接在一起的 3 个晶闸管( $VT_4$、$VT_6$、$VT_2$ ),称为共阳极组。共阴极组中与 a、b、c 三相电源相接的 3 个晶闸管分别为 $VT_1$、$VT_3$、$VT_5$;共阳极组中与 a、b、c 三相电源相接的 3 个晶闸管分别为 $VT_4$、$VT_6$、$VT_2$。晶闸管的导通顺序为 $VT_1$—$VT_2$—$VT_3$—$VT_4$—$VT_5$—$VT_6$。

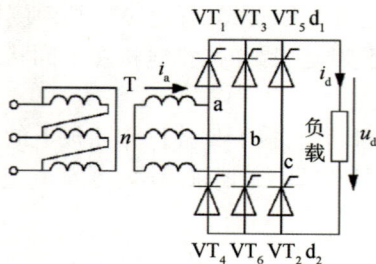

图 3-28　三相桥式可控整流电路原理图

三相桥式可控整流电路具有如下特点:

每个时刻均需 2 个晶闸管同时导通,形成向负载供电的回路,共阴极组和共阳极组中各 1 个,且不能为同一相的晶闸管。6 个晶闸管的脉冲按 $VT_1$—$VT_2$—$VT_3$—$VT_4$—$VT_5$—$VT_6$ 的顺序,相位依次差 60°。共阴极组中 $VT_1$、$VT_3$、$VT_5$ 的脉冲依次差 120°,共阳极组中 $VT_4$、$VT_6$、$VT_2$ 也依次差 120°。同一相的上下两个桥臂,即 $VT_1$ 与 $VT_4$、$VT_3$ 与 $VT_6$、$VT_5$ 与 $VT_2$,脉冲相差 180°。

### （九）直流组网系统的冷却系统

电池动力船舶的直流组网系统采用了大量的功率模组和整流模组,发热量较大,一般采用风冷、空-水冷等形式。图 3-29 所示为直流组网系统的水冷单元。冷却水在主循环泵的驱动下,沿管道以恒定的流速通过功率单元散热器,连续不断地带出热量;冷却水升温后沿主管回路进入换热器设备进行热量交换;换热后的冷却水回流至主循环泵的进口,形成一个封闭的循环冷却系统。需要定期检查内循环水压和水温是否正常。

图 3-29　直流组网系统的水冷单元

## （十）日用逆变器

日用逆变器的作用是将直流母排上的直流电逆变为交流电,供船舶日用负载使用。船舶日用电源采用双冗余的方式通过日用逆变器从直流母线取电,转换为交流电源,并配置正弦滤波器和变压器等,以保证日用逆变电源的波形质量满足使用要求。

逆变器是由 IGBT 或 IGCT 组成的三相全控电压源型逆变单元,其中还包括相应的 IGBT 驱动电路、电压/电流采集电路、IGBT 温度采集电路等。此外,逆变器中还有直流支撑电容器、放电电阻等器件。逆变器采用 PWM(脉冲宽度调制技术),实现将固定的直流电源转换为电压、频率可调的交流电源,在逆变器外部通过配套相应的滤波器、变压器,即可实现高品质交流供电电源的输出。

## （十一）岸电

岸电用于船舶停泊时,向船上辅助设备和日用电源供电。从图 3-30 中可以看出,岸电通过岸电箱向 380 V 交流配电板供电。

图 3-30　岸电箱连接示意图

### 1.接岸电操作步骤

岸电箱上的操作：

（1）检查岸电是否正常、三相电压是否对称，若岸电不正常或三相电压不对称，则检查岸电指示灯、熔断器的状况。

（2）在岸电箱上选择相序 1（SEQUENCE 1）或相序 2（SEQUENCE 2）。若相序正确"PHASE SEQU CORRECT"灯（绿灯或白灯）亮，则将岸电箱上的开关合闸；若相序错误"PHASE SEQU WRONG"灯（红灯）亮，则更换相序选择，待相序正确后再接通岸电。

若无相序指示灯，而用负序继电器，则当相序不一致时，岸电箱上开关合上即跳闸。相序一致后，则去主配电板前操作。

（1）停止主推进系统和侧推系统。

（2）在机舱交流配电板处，将控制方式切到"本地"位置。

（3）在日用交流配电板处，按下"1 号分闸"或"2 号分闸"按钮。

（4）待分闸后再按下"1 号日用柜分闸请求"或"2 号日用柜分闸请求"按钮，完成日用电源的停机。

（5）此时可闭合岸电断路器，完成船电转岸电供电。

（6）在直流配电板的控制柜处，将"本地/遥控"切回"本地"位置，分别按下"左/右舷电池停止按钮"，然后再将 6 个"唤醒"按钮按起。

### 2.岸电连接注意事项

（1）接岸电时岸电与船电的电流种类应一致。

（2）接岸电时岸电的额定频率、额定电压应与船电相一致。

（3）当岸电为三相四线制时，需将岸电的中性线接在岸电接线柱上，只有船体与岸电中性线相连后，才可接通岸电。

（4）合上岸电箱上的开关，只有当岸电与船电相序一致时才可到主配电板前进行转接岸电操作。

（5）船舶接岸电时严禁发电机合闸供电，只有在岸电切除后发电机才可合闸供电（发电机主开关与岸电开关有互锁）。

## （十二）外部充电装置

大功率电池动力船舶充电装置（见图 3-31）是采用高性能的储能变流器并集成了高低压供电系统和快速充电连接装置的综合性充电设备，主要是为了解决纯电动大型船只的充电、补电问题。船用充电系统的工作方式与电动汽车的充电系统类似。与替代船舶电力（AMP）系统不同的是，船舶充电系统尚未形成统一的标准，包含所有连接交流电压且带充电插头的供电设备。

船舶充电桩包括交流岸电桩、直流岸电桩和交直流一体化岸电桩，由岸电电源提供电源供给。

交流充电可分为低压接入和高压接入两种形式。低压接入充电形式，接入电压可以是380 V 或 220 V 交流电，一般功率为 200~1 000 kW；高压接入充电形式，接入电压为 10 000 V，功率在 1 000 kW 以上。

图 3-32 为动力电池交流充电装置原理图和实船充电装置实物图。

船用直流充电桩可以快速地完成船舶锂电池的充电过程。这种充电桩的功率较大，对电网会进行一定的冲击，在建设的时候需要考虑对电网的保护措施。

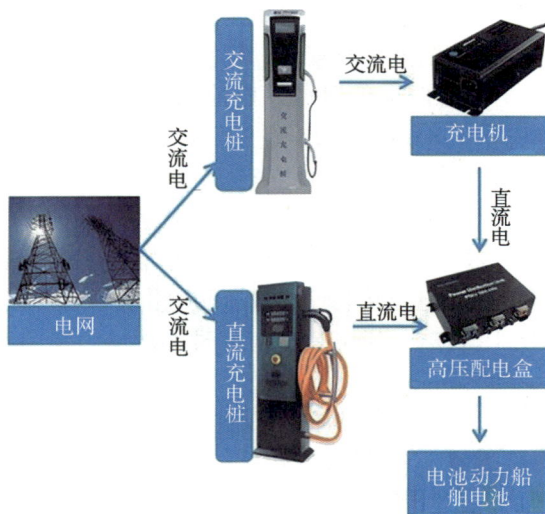

图 3-31　大功率电池动力船舶充电装置

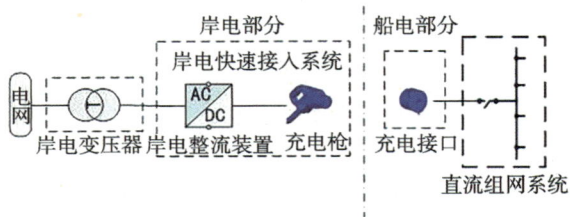

图 3-32　动力电池交流充电装置原理图和实船充电装置实物图

电池动力船舶充电装置应设有过流保护和短路保护。充电装置上或临近位置、船舶经常有人值班处所至少应设有能指示充放电电流、电压、温度、SOC等参数的仪表。相关数据应传输到船舶管理系统，相应报警信息应上传到CCS电池动力船舶检验验证平台。电池系统的充电装置应与BMS设有接口，并在BMS限定的条件下运行。

若充电岸电经由充电连接装置（如充电枪、充电连接器等）与船上充电设备（包括岸电箱）连接，则应满足下列要求：

（1）充电连接装置应设有机械联锁，防止带电插拔及充电过程中充电电缆脱落；

（2）在正常和故障条件下，充电连接装置应设有防电击的安全措施；

（3）充电连接装置应便于操作，与岸电装置连接时无须使用专用工具，且不会触及任何带电部件。

充电装置应设有温度监控装置，该装置应能根据温度变化传送相应信号给充电控制系统，用于实现充电枪端的温度监测和过高温保护功能。充电装置附近不应有易燃材料。

## 二、直流配电系统操作训练

### 1.船/岸电切换操作

（1）停止主推进系统和侧推系统。

（2）在机舱交流配电板处，将控制方式切到"本地"位置。

（3）在日用交流配电板处，按下"1号分闸"或"2号分闸"按钮。

（4）待分闸后再按下"1号日用柜分闸请求"或"2号日用柜分闸请求"按钮，完成日用电源的停机。

（5）此时可闭合岸电断路器，完成船电转岸电供电。

（6）在直流配电板的控制柜处，将"本地/遥控"切回"本地"位置，分别按下"左/右舷电池停止"按钮，然后再将6个"唤醒"按钮按起。

### 2.直流配电系统手动启/停/投切换操作

（1）启动直流配电系统

①全船处于停电状态。

②将充放电板的相关断路器闭合，具体如图3-33所示。

③将主配电板的相关断路器闭合，将交流配电板的"本地/遥控"旋钮旋至"遥控"位置，具体如图3-34所示。

④将集装箱电池系统220 V分电箱的断路器闭合，具体如图3-35所示。

⑤进入机舱，确认直流配电板控制柜的"本地/遥控"旋钮旋至"本地"位置，B1和B2柜的锂电池"唤醒"按钮（如图3-36所示）和集装箱电池控制面板上的"唤醒"按钮（如图3-37所示）全部按下，核实周边相关设备如水泵、油泵、阀门、风机等是否全部开启。

⑥在直流配电板上左右各按一组锂电池的"启动"按钮，对左右舷各启动一组锂电池。

⑦待锂电池启动后，将直流配电板控制柜上的"本地/遥控"旋钮旋至"遥控"位置，此时在驾控台锂电池组控制面板上可以对锂电池组进行切换（如图3-38所示），工作的锂电池组对应的"启动按钮"常亮。

⑧在直流配电板控制柜的触摸屏上确认日用配电板控制柜无报警（如有报警，应复位），断开岸电断路器，日用电源自动启动，开始供电。

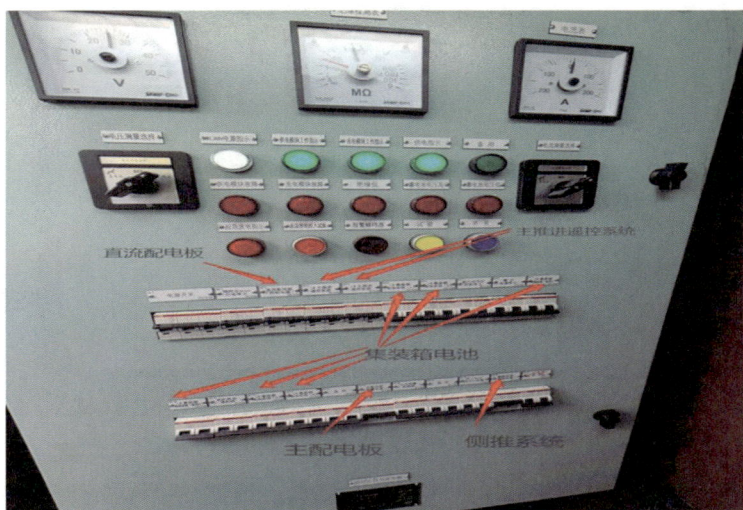

图 3-33　充放电板

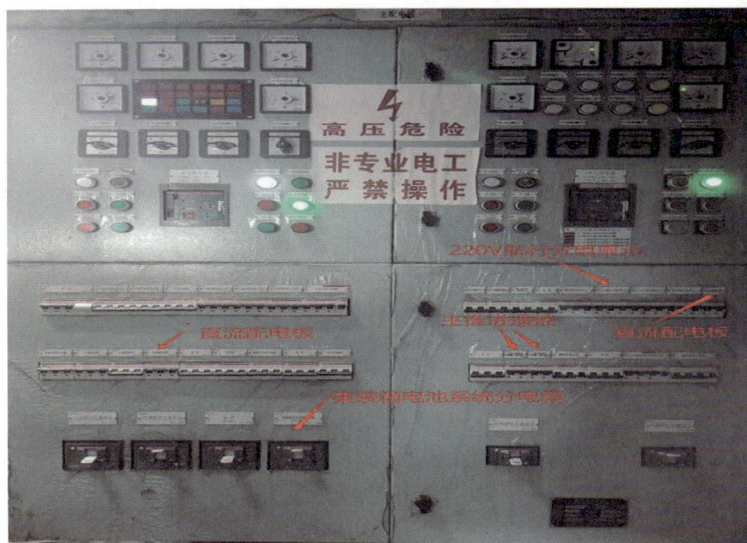

图 3-34　交流配电板

图 3-35　集装箱电池系统 220 V 分电箱

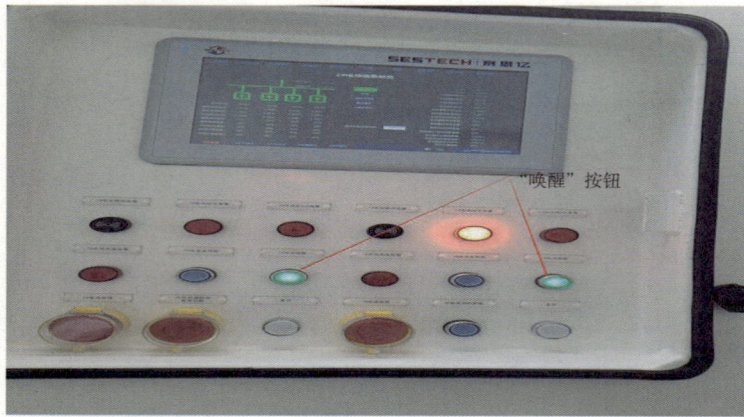

图 3-36　直流配电板

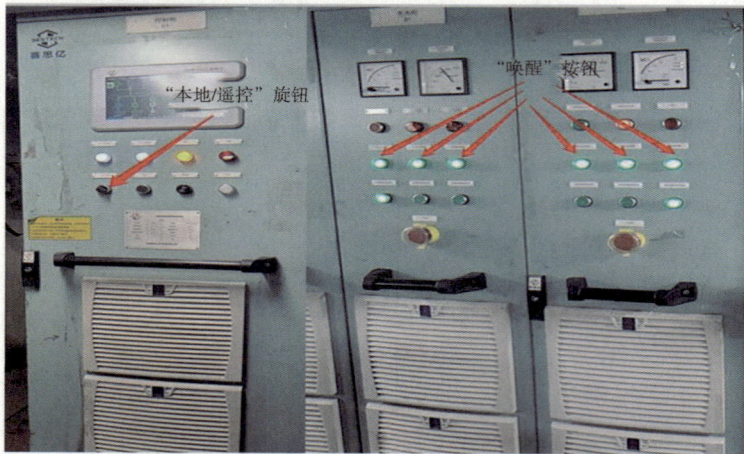

图 3-37　集装箱电池控制面板

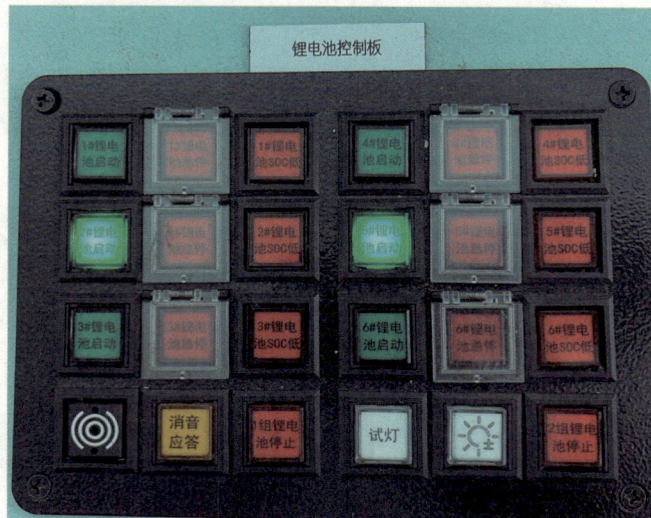

图 3-38　锂电池组控制面板

（2）停止直流配电系统

①在机舱交流配电板处，将控制方式切到"本地"位置。

②在日用交流配电板处，按下"1/2 号分闸"按钮。

③待分闸后再按下"1/2 号日用柜分闸请求"按钮，完成日用电源的停机。

④此时可闭合岸电断路器，完成船电转岸电供电。

⑤在直流柜–控制柜处，将"遥控/本地"旋钮旋至"本地"位置。

⑥在直流柜–电池柜 B1/B2 处，分别按下"左/右舷电池停止"按钮。

⑦在直流柜–电池柜 B1/B2 处，将 6 个"唤醒"按钮按起。

（3）切换锂电池组操作

①在驾驶室按下"左舷电池停止"按钮（待一舷电池切换完毕后，才可按另一舷电池停止按钮，始终要确保一舷电池在网，否则会导致失电）。

②待电池停止几秒后，在驾驶室按下"B1-1#电池启动""B1-2#电池启动""B2-1#电池启动"三个按钮中的任一按钮，启动对应的电池组。

③待左舷电池启动完成后，再按下"右舷电池停止"按钮。

④待电池停止几秒后，在驾驶室按下"B2-2#电池启动""B3-1#电池启动""B3-2#电池启动"三个按钮中的任一按钮，启动对应的电池组。

### 3. 推进系统本地/远程操作

（1）启动主推进系统

①确认电机内外冷却水路及齿轮箱油路阀门的位置正确。

在机舱启动电机的冷却水泵及机舱风机（注意每次船上交流电断电后，都需要手动再次启动）。

②确认齿轮箱油泵控制旋钮在"遥控"位置。

③确认驾驶室的推进系统"驾控有效"绿灯常亮。

在驾驶室左右推进控制面板上分别按下"油泵启动"按钮。

④确认"油泵启动"绿灯常亮。

在驾驶室左右推进控制面板上分别按下"电机启动"按钮。

⑤确认驾驶室左右推进控制面板上的"电机运行"绿灯常亮，电机启动完成。

全部流程如图 3-39 所示。

直流配电供电完成后推进系统的具体启动步骤如下：

①在主推进电机本地控制箱和驾控台控制面板上分别按下"驾控有效"按钮，按下后驾控台控制面板上的"驾控有效"指示灯常亮，确认驾控手柄处于零位，如图 3-40。

②在侧推电机本地控制箱和驾控台控制面板上分别按下"驾控有效"按钮，按下后驾控台控制面板"驾控有效"指示灯常亮，确认驾控手柄处于 0 位，如图 3-41 所示。按下"重载问询"按钮，按钮常亮后，可按"电机启动"按钮来启动侧推电机。

③在驾控台主推进遥控面板上，按下"油泵启动"按钮后按钮常亮，按下"电机启动"按钮后按钮常亮。随后可操作随动手柄，对电机进行加减速控制。

④船驶离码头。

（2）停止主推进系统

①将主推进手柄归到零位。

②分别按下驾驶室左右推进控制面板上的"电机停止"按钮来停止主推进电机的运行。

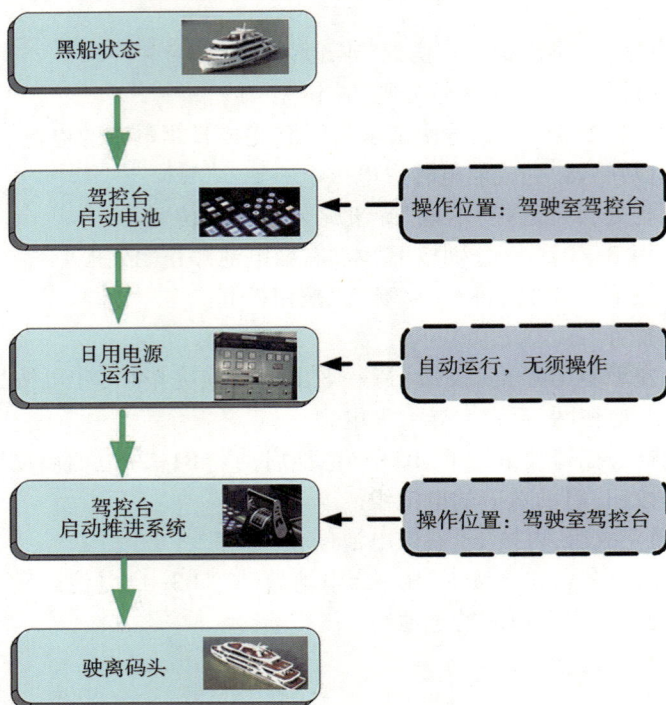

图 3-39　黑船至开船的操作流程

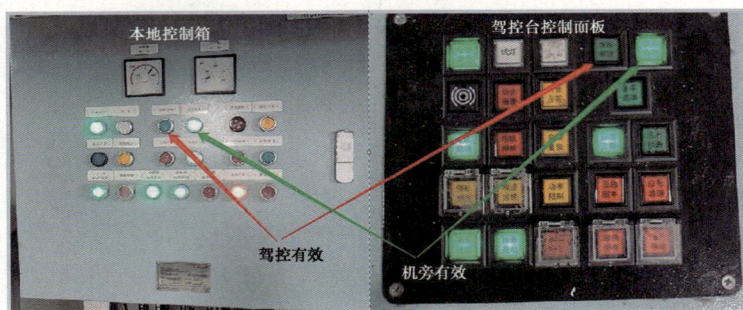

图 3-40　主推进遥控系统

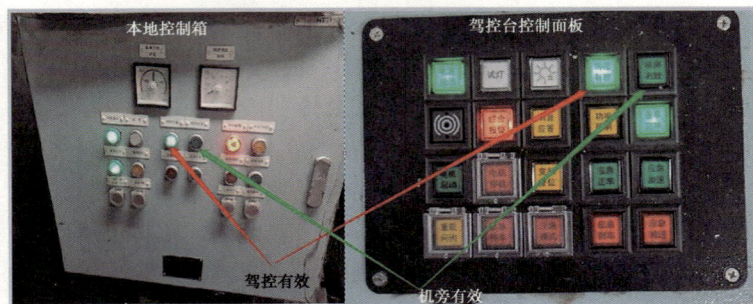

图 3-41　侧推遥控系统

确认驾驶室左右推进控制面板上的"电机停止"红灯常亮,主推进电机停止运行。

③分别按下驾驶室左右推进控制面板上的"油泵停止"按钮来停止油泵的运行。

④在机舱处,停止电机冷却水泵及机舱风机的运行。

### 4.动力电池岸电充电操作

采用换电模式的动力电池即集装箱电池在充电之前应先进行换电操作,换电操作步骤在本书的集装箱电池部分已详细介绍,下面仅介绍充电操作。图3-42所示为集装箱电池充电接口。

(1)充电启动流程

①按标签对应插入插头。

②连接集装箱的接地线。

确认2个"唤醒"按钮都处于按下状态。

点击充电桩的"充电机"页面,点击"1号枪",此时旋转钥匙或者刷卡完成1号枪的启动。

点击充电桩的"充电机"页面,点击"3号枪",此时旋转钥匙或者刷卡完成3号枪的启动。

(2)充电停机流程

①自动停机

a.待充电到SOC为100%时会自动停机,此时拔掉插头并妥善保存。

b.拆除集装箱的接地线。

②手动停机

a.点击"充电机"页面,点击"1/3号枪",此时点击"停止充电"按钮并确定即可手动停止充电,然后拔掉插头并妥善保存。

b.拆除集装箱的接地线。

图3-42　集装箱电池充电接口

# 三、直流配电系统的保护

## (一)快速熔断器、直流隔离开关、直流接触器

快速熔断器、直流隔离开关、直流接触器是直流配电系统常用的保护器件。在直流电网中,整流器为IGBT型全控整流器,双向DC也是基于IGBT的双向DC变换器。发生短路时,系统检测到故障,IGBT迅速关断后,短路电流通过续流二极管向故障点供电,续流二极管一般仅有额定值2倍的极限电流,且积累一定热量后会烧毁。这个过程在短路时往往仅有十到几十毫秒,只有快速熔断器能达到保护的快速性要求。

## 1. 快速熔断器

快速熔断器属于熔断器的一种,主要用于半导体整流元件或整流装置的短路保护。由于半导体元件的过载能力很低,只能在极短时间内承受较大的过载电流,因此要求短路保护具有快速熔断的能力。快速熔断器的结构和有填料封闭式熔断器基本相同,但熔体的材料和形状不同,快速熔断器采用的是以银片冲制的有 V 形深槽的变截面熔体。

快速熔断器的熔丝除了具有一定形状的金属丝外,还会在上面点上某种材质的焊点,其目的是使熔丝在过载的情况下迅速断开。

快速熔断器的突出特点是"快",即灵敏度高,当电路电流过载时,熔丝在焊点的作用下迅速发热并断开。快速熔断器的效率很高,主要用来保护可控硅和一些电子功率元器件。图 3-43 为熔断器安装示意图。

图 3-43　熔断器安装示意图

(1)快速熔断器的结构

快速熔断器由磁壳、导电板、熔体、石英砂、消弧剂、指示器六部分组成。

(2)快速熔断器的工作原理

快速熔断器的熔体是由纯银制成的,由于纯银的电阻率低、延展性好、化学稳定性好,因此快速熔断器的熔体可做成薄片,且具有圆孔狭颈结构。发生短路故障时,狭颈处电流密度大,故狭颈处首先熔断,并被石英砂分隔成许多小段。而由熔体熔断形成的电弧会被石英砂分隔成许多小段,电弧电流较小,分布的空间小,易被消弧剂吸收。又由于石英砂是绝缘的,电弧熄灭后立即形成一个绝缘体,将电路分断。

(3)快速熔断器的特性

①反时限电流保护

快速熔断器具有反时限电流保护特性,即过载电流小时,熔断时间长;过载电流大时,熔断时间短。所以,在一定过载电流和过载时间范围内,快速熔断器是不会熔断的,可连续使用。快速熔断器具有各种不同的熔断特性曲线,可以满足不同类型保护对象的需要。

②限制短路电流增加

由于快速熔断器的熔体为具有一系列圆孔狭颈的矩形薄片,且充有石英砂灭弧介质,圆孔狭颈处的截面积小、热容量小,所以当发生短路故障,故障电流尚未达到预期的短路电流时,熔体即被熔断,电弧被石英砂分隔成许多小段。这样,既限制了短路电流增加,亦加速了电弧的熄灭。

③分断能力强

发生短路故障时,圆孔狭颈处首先被熔断,电弧被石英砂分隔成许多小段而很快熄灭。由于石英砂是绝缘的,电弧熄灭后,快速熔断器立即变成一个绝缘体,将电路分断。因而快速熔断器分断能力强,可高达 50 kA。

④负载设备承受的冲击能量小

电路出现短路故障时,负载设备承受的冲击能量为

$$W = I^2 R t$$

式中：$I$——短路电流；

$R$——电路的电阻；

$t$——从短路故障发生到电路被切断的时间。

快速熔断器分断的时间短,且有很好的限流作用,故负载设备承受的冲击能量小。

## 2. 直流隔离开关

隔离开关是一种无灭弧装置的控制电器,其主要功能是隔离电源,以保证其他电气设备的安全检修,因此不允许带负荷操作。但在一定条件下,允许接通或断开小功率电路。

直流隔离开关,顾名思义就是隔离直流的开关,一般用在直流组网系统中,用于切断直流电所产生的电弧,避免危险事故的发生,确保安全作业。

在直流组网系统中,如果不先切断电池和逆变器的输入,接线和插拔直流端子时直流电会接入逆变器直流侧,造成人体触电以及逆变器和后端设备的损坏。

在更换或维修逆变器时,如果不能隔绝来自电池板的直流电,就容易引起触电和设备的损坏。

## 3. 直流接触器

（1）直流接触器的结构

直流接触器是一种用于控制直流电路的电器元件,通常用来开关高电压、大电流的直流电路,主要有铁芯、衔铁、线圈、触头、灭弧罩等部分,如图 3-44 所示。

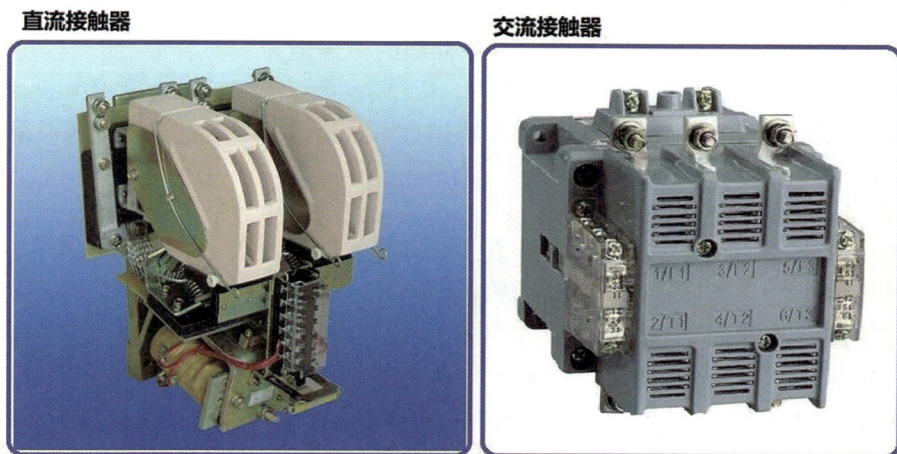

图 3-44　直流和交流接触器外形图

（2）直流接触器的工作原理

直流接触器的工作原理如下：在接触器线圈通电后，线圈电流产生磁场，使静铁心产生电磁吸力吸引动铁心，并带动触点动作，即常闭触点断开，常开触点闭合，两者是联动的。当线圈断电时，电磁吸力消失，衔铁在释放弹簧的作用下释放，使触点复原：常开触点断开，常闭触点闭合。

直流接触器与交流接触器的工作原理相同，不同之处在于：交流接触器的线圈由交流电源供电，直流接触器的线圈由直流电源供电；另外，由于通入直流接触器线圈的是直流电，直流电没有瞬时值，在任意时刻有效值都是相等的，没有过零点，因此直流接触器的衔铁上不用加装防止因过零点电压较低产生的吸合力较小，而造成接触器振动声音大等现象的短路环。

（3）直流接触器的选用方式

①选择直流接触器的类型

直流接触器的类型应根据负载电流的类型和负载的轻重来选择，即是交流负载还是直流负载，是轻负载、一般负载还是重负载。

②直流接触器主触头的额定电流

直流接触器主触头的额定电流可根据经验公式计算：$I_{N主触头} \geqslant P_{N电机}/[(1 \sim 1.4)U_{N电机}]$。如果直流接触器控制的电机启动、制动或反转频繁，可将接触器主触头的额定电流降一级使用。

③接触器主触头的额定电压

接触器铭牌上所标电压是指接触器主触头能承受的额定电压，并非线圈的电压，使用时接触器主触头的额定电压应不小于负载的额定电压。

④操作频率的选择

操作频率是指接触器触头每小时通断的次数。当通断电流较大及通断频率过高时，会引起触头严重过热，甚至熔焊。操作频率若超过规定数值，应选用额定电流大一级的直流接触器。

⑤线圈额定电压的选择

线圈的额定电压不一定等于主触头的额定电压，当线路简单、使用电器较少时，可直接选用 380 V 或 220 V；如线路复杂，可选用 24 V、48 V 或 110 V。

对于直流接触器，当直流分断时感性负载存储的磁场能量瞬时释放，断点处产生高能电弧，因此要求直流接触器具有一定的灭弧功能。中/大容量直流接触器常采用单断点平面布置整体结构，其特点是分断时电弧距离长，灭弧罩内含有灭弧栅。小容量直流接触器采用双断点立体布置结构。

选择直流接触器时应注意以下几点：

①主触头的额定电压≥负载的额定电压。

②主触头的额定电流≥1.3 倍负载的额定电流。

③线圈的额定电压：当线路简单、使用电器较少时，可选用 220 V 或 380 V；当线路复杂、使用电器较多或在不太安全的场所时，可选用 36 V、110 V 或 127 V。

④接触器的触头数量、种类应满足控制线路的要求。

⑤操作频率：当通断电流较大及通断频率超过规定数值时，应选用额定电流大一级的接触器型号；否则会使触头严重发热，甚至熔焊在一起，造成电机等负载缺相运行。

## （二）选择性保护的工作原理

直流配电系统一般采用电缆线路，直流网络故障多为永久性故障，主要包括接地故障和极间故障。直流线路发生极间故障时，保护应立即动作，隔离故障。接地故障的保护与直流线路接地方式有关。一般来讲，直流配电系统可以单极接地或中性点接地。

直流配电系统保护的设计应满足可靠性、速动性、选择性、经济性等要求。直流配电系统采用快速熔断器进行选择性保护。

### 1.基于快速熔断器短路选择性保护设计的一般要求

用于选择性保护的快速熔断器，应按照如下原则进行选用：

（1）快速熔断器熔体的选择要照顾到上、下级保护的配合，以满足选择性保护要求；

（2）快速熔断器上一级熔体的熔断电流应当至少为下一级熔体的熔断电流的1.6倍；

（3）快速熔断器配置应以弧前焦耳积分为主要参考依据，弧前时间即为电流上升至足够大，使熔体发生熔断并出现拉弧之前的时间；

（4）选择性保护的上一级熔断器的弧前焦耳积分应当大于下一级熔断器的弧前焦耳积分，下一级熔体的熔断时间应小于上一级熔体的熔断时间；

（5）采用熔断器作为保护装置时，预期熔断时间应采用毫秒级别；

（6）快速熔断器仅作为低压直流电力系统的选择性保护装置之一。

### 2.整流器及其与下级间的选择性保护

（1）接入同一直流汇流排的多个整流器支路中，一个支路整流器出口发生短路故障，保护该支路的熔断器应熔断。

（2）当整流器出口熔断器与下级熔断器之间发生短路故障时，保护该整流器的熔断器应熔断。

（3）熔断器弧前焦耳积分的整定，应按照小于所保护整流器自身送出短路电流的能量进行，保护时间大于下级熔断器的熔断时间。

### 3.直流汇流排间的选择性保护

（1）多段直流汇流排之间应采用隔离开关作为联络开关。

（2）在联络开关处设置直流保护装置，该保护处于整流器与其下级间选择性保护的下一级。

（3）宜采用固态断路器，或通过试验验证的快速熔断器母联保护，作为联络开关处直流保护装置。

（4）采用固态断路器和快速熔断器时，直流汇流排之间选择性保护的配置要求如下：

①选用母联快速熔断器保护方案时，快速熔断器参数选择的依据，应按照其所连接两汇流排处分别发生短路时短路电流较小的一侧的短路电流焦耳积分值来确定，同时其熔断时间应避开下级熔断器的熔断时间。

②选用母联直流固态断路器保护方案时，当任意侧母排及其所连直流支路发生短路或类似故障时，电流达到母联固态断路器的额定电流的1.05倍以上，母联固态断路器应当首先动作，各汇流排上的快速熔断器再在其各自的熔断曲线配合之下先后动作，实现母排上的选择性保护。

③选用母联直流固态断路器保护方案时，固态断路器参数选择的依据，应按照联络线所连接两汇流排处分别发生短路时短路电流较小的一侧的短路电流值来确定。同时，为了实现选择性，动作时间应小于系统中最下级熔断器的最小预期熔断时间。

#### 4.直流汇流排与其下级之间的选择性保护

（1）直流汇流排与其下级之间的快速熔断器保护，应按照其所保护支路内外的短路能量确定。

（2）支路内部短路时，快速熔断器应熔断；支路外部短路时，快速熔断器不应熔断。

#### 5.快速熔断器动作时间设定

（1）保护动作时间和动作电流应当考虑以下因素进行整定：

①应以限制变流器送出短路电流的能量，不高于其限流容量承受时间内所累积的能量为参考依据；

②直流汇流排间母联保护装置的动作时间，应小于直流配电区域整流器和其他电源支路熔断器熔断的时间。

（2）快速熔断器保护的具体动作时间，应由其熔断参数和系统在短路故障中的能量积累决定。

（3）应根据船舶直流电力系统的时间常数具体分析并确定预期动作时间。

（4）保护的选择性由不同工况下流过熔断器焦耳积分曲线间的配合实现。

（5）应取一定的时间裕度来确定熔断器的预期熔断时间。

### （三）应急蓄电池

对于设置有应急蓄电池组作为应急电源或其他替代能源为操舵及冷却系统服务的船舶，交流主汇流排可以采用集中供电模式。对于内河船舶，若应急蓄电池组通过变流器为操舵装置供电，应急操舵装置控制系统、应急操舵动力设备应立即可用。

主甲板艉部设有 DC 24 V 充放电板一块，为壁挂式，其顶部防护等级为 IP22。DC 24 V 充放电板采用浮充形式，经三相 AC 380 V 稳流稳压充电模块给 DC 24 V 临时应急蓄电池组充电，并设有一只 24 V、60 A 稳压供电模块，日常可对航行、无线电、船内通信、推进控制、报警设备供电。板内设有电流表、电压表、对地绝缘指示灯及转换开关、充放电指示灯等。负载均设有过载短路保护。

酸性蓄电池主要由容器、极板、隔板三部分构成，其外形结构如图 3-45 所示。容器的作用是盛贮电解液和支撑极板。极板分为正极板和负极板两种，正极板是二氧化铅（$PbO_2$），负极板是海绵状铅（Pb），因此酸性蓄电池又常叫作铅蓄电池。隔板使正、负两块极板互相绝缘，其上有小孔，以利于电解液流通。

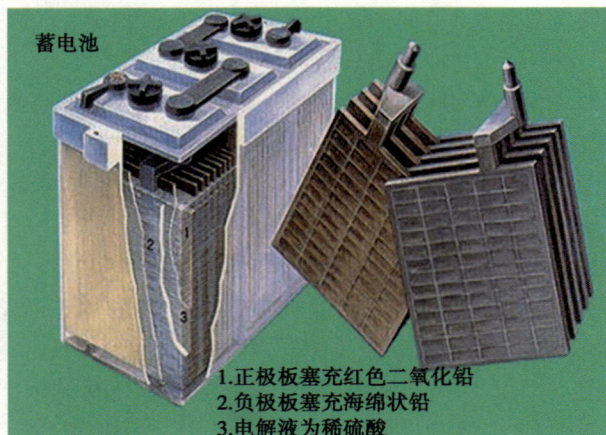

蓄电池

1.正极板塞充红色二氧化铅
2.负极板塞充海绵状铅
3.电解液为稀硫酸

图 3-45　酸性蓄电池外形结构

酸性蓄电池是利用铅、二氧化铅和硫酸的化学反应来储存和释放电能的装置。

## （四）电力设备冷却系统

电池动力船舶的推进电机和功率单元会产生大量热量，一般采用水冷为主、风冷为辅的散热方式。相对于传统的风冷变频器，水冷变频器更有效地解决了散热问题，从而使高功率变频器的体积大大缩小，性能更加稳定。图3-46为配电系统冷却示意图。

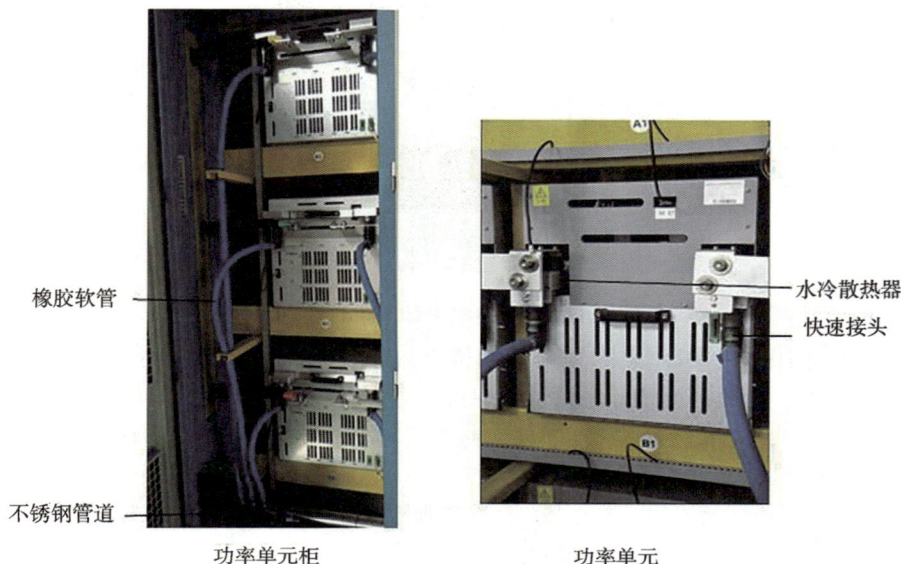

图 3-46　配电系统冷却示意图

水冷系统包含内循环和外循环两个回路。在内循环回路中，主循环泵提供适当压力，使冷却介质流经功率单元散热器，并将功率模块中的热量带走。经过板式换热器，内循环回路中的冷却介质热量传递到外循环回路冷却介质中。内循环回路中的冷却介质温度降低并再次流入功率模块散热器中，形成闭式循环。

在外循环回路中，板式换热器的热量通过冷却介质回流到海水。

功率单元散热器采用真空钎焊式水冷散热器，水冷散热器进水口、出水口为双截流快速接头，方便功率单元的更换。

功率单元柜主管道为不锈钢管道，单元与主管道间采用橡胶软管，保证单元绝缘。

冷却系统相关的冷却水泵及其控制装置应采用冗余设计，且互为备用的冷却水泵应从不同汇流排分段供电，冷却水泵应能够自动切换。

冷却系统的冷却水泵的双套配置，需要满足在一侧汇流排失电的故障情况下，冷却系统仍能保证船舶正常工作。

冷却系统的冷却水泵应具备故障自动切换功能，且正在运行的冷却水泵失电后，应能自动启动并恢复供电。

推进电机采用水冷方式，为推进电机提供冷却液流量及热量交换，保证电机运行时绕组及轴承的工作温度在正常范围内。推进电机启动前需先启动冷却水泵。图3-47所示为推进电机冷却水泵启动箱。

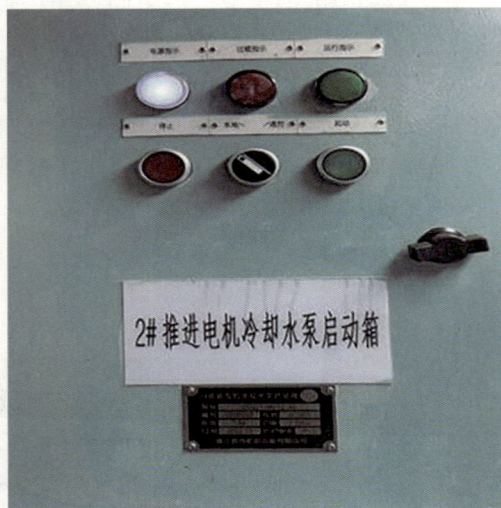

**图 3-47　推进电机冷却水泵启动箱**

　　如直流母排采用水冷的冷却方式,应定期检查内循环水压和水温是否正常。以"新生态"轮的水冷系统为例,工作压力区间为 1.5~2.5 bar,冷却水温控制在 25 ℃ 以内;检查逆变器冷却系统(风冷/水冷)的工作状况是否良好,水冷系统控制温度通常不超过 45 ℃。图 3-48 所示为逆变器冷却系统。

**图 3-48　逆变器冷却系统**

### （五）直流配电系统应急操作训练

**1.系统应急操作流程**

　　(1)确认直流配电系统出现故障,需要进行应急操作。

　　(2)检查故障类型,判断是断路故障还是短路故障。

　　(3)如果出现断路故障,需要检查馈线是否正常。如果馈线损坏,需要使用备用馈线进行替换,并将损坏的馈线进行维修或更换。

　　(4)如果出现短路故障,需要立即断开电源,并检查短路原因。如果短路原因不明,需要使用万用表等工具检查线路是否有短路现象。

（5）如果直流配电系统中的其他设备出现故障，需要检查设备是否正常工作。如果设备损坏，需要将设备进行维修或更换。

（6）在应急操作过程中，需要注意安全措施的落实，确保操作人员的安全。

（7）在应急操作完成后，需要对系统进行检查和测试，确保系统能够正常运行。

需要注意的是，在应急操作过程中，需要遵循相关规定和操作规程，确保操作的正确性和安全性。同时，在操作完成后，需要对系统进行全面检查和测试，确保系统的正常运行。

### 2.航行中主开关跳闸的应急处理及各种跳闸的故障排除

（1）除由短路保护引起主开关跳闸断电外，对于其他各种机、电故障致主开关跳闸，自动化电站均能自动处理，不需要轮机值班人员亲自处理，轮机值班人员仅需按照报警指示故障进行相应检查、排除处理即可。

（2）若由短路保护引起电网突然失电，则将导致除警报器外所有设备停止运行。此时，值班人员切勿在未排除故障的情况下立即启动机组、合闸供电，必须先查看报警指示。若根据报警指示确认是短路故障，轮机值班人员（或维修人员）应先到主配电板后面仔细检查汇流排是否发生短路，找到短路点并排除后或确定主配电板没有发生短路（船舶电网短路保护的选择性整定不当）后才可按复位按钮，系统即恢复至自动状态，同时解除阻塞。此时，轮机值班人员遥控启动值班机组投入电网运行即可。

### 3.电网常见故障排查

（1）电网绝缘故障检查处理

交流电网采用接地灯或配电板式兆欧表检查绝缘故障：

①打开配电板式兆欧表（或接地灯），兆欧表指示为 0（接地灯中有一个灯熄灭），说明发生了电网接地故障。

轮机值班人员应至少每班检查一次船舶电网的绝缘情况，采用接地灯检测电网绝缘时按下按钮：若三个灯同样亮，说明电网三相线路对地绝缘是相同的；若其中一个灯不亮，另两个灯比原来亮，说明不亮的一相已发生接地故障；若其中一个灯的亮度比其他两个灯的亮度暗，说明较暗的一相对地绝缘比其他两相对地绝缘差。采用配电板式兆欧表时，若每伏电压绝缘电阻低于 100 Ω，就必须查找故障点并排除。

②若照明电网发生绝缘性能降低或单相接地故障，在查找中，先在主配电板前逐个拉下照明配电开关，查看兆欧表指示是否恢复正常值（接地灯三个灯是否同样亮）。如拉下配电开关后绝缘恢复正常，则故障点在该开关下面的配电线路中。

③拉开关的区域次序应为：船员居住区—甲板照明区—机舱照明区—驾驶室通、导设施。

④找到发生接地故障的分配电开关后，切断该路供电，并在该开关处悬挂"电路维修"的警告牌。合上兆欧表（接地灯）开关。

⑤在分配电箱前，使用便携式兆欧表来查找二次配电网络，逐个测量分支电路对地绝缘状况。用兆欧表测量绝缘时要注意电压等级。

⑥找到接地的分支电路后，拉下这一路分配电开关，挂警告牌，并合上其余开关。在主配电板前取下警告牌，合上这一路配电开关向其供电。

⑦在查找具体接地点时，应从中间接线盒（如两个房间中间的）断开，以判断是哪一小区域（如房间）接地。

⑧由于小区域（房间）中只有有限的几个供电点，一般不超过 5 个，故应逐一检查每个供电点。主要检查内容包括灯头、插头、开关的引线和内部状况。经过这些检查仍找不到接地点

时,应检查接线盒与用电器间的电缆直至找到接地故障点。

直流组网系统绝缘检查方法与交流组网系统类似,也采用分区断电法。在断电之前需要准确判断对航行安全的影响。

（2）日用电网故障处理

如遇全船马达无法正常启动,但直流母排仍有电的情况,可考虑该400 V隔离变压器或对应的直流配电板日用逆变器发生故障;或可能由于电网瞬间过载,空气开天（简称空开）自动跳闸,需按下相应日用电源空开边上的黑色复位按钮,复位后,再进行合闸操作,即可恢复电网供电。如黑色复位按钮复位并将日用电网空开合闸后,船舶各类马达及照明灯仍无法正常运行,则进行以下检查,来确定具体故障部位并排除故障:

打开如图3-49所示的主配电板的门,对日用电源空开进行相应电压测量:将万用表打到交流750 V电压挡,如该空开上端三相皆为400 V,下端也有400 V电压,则判定隔离变压器故障,将故障的隔离变压器空开脱闸,并将另外一台隔离变压器合闸,即可恢复船舶日用电的正常供电。如隔离变压器上端无400 V电压输出,则判定直流配电板上的直流电压逆变器故障;如空开处于合闸状态,测量结果为上端有电、下端无电,则判定该空开有故障,也可将逆变器的进电断开,对该空开的上、下端进行通断测量,如在合闸状态下,上、下电阻较大,则可断定空开故障。

图3-49　主配电板

#### 4.突发情况下的应急操作

发生航行交通事故时的应急操作如下。

第一步：

（1）若电池系统因碰撞或挤压而变形，导致电箱脱落、高低压连接器损坏或脱扣，应强制按下"急停"按钮，断开日用 AC 220 V 和 DC 24 V 电源，保证电池系统安全，然后迅速撤离到安全区域。

（2）若电池系统因碰撞或挤压而变形，导致舱室进水，应强制按下急停按钮，断开日用 AC 220 V 和 DC 24 V 电源，保障电池系统安全，然后迅速撤离到安全区域。

第二步：

通知厂商，在对方给出电池安全判定结果前禁止使用发生事故的船舶。

为保证发挥电池最佳性能及使用安全，减少消防意外的发生，电池系统需每年至少做一次全面维护，具体检查项目如下：

（1）电池系统的高低压线束及连接器有无擦伤、破损、松动。

（2）电池箱或高压箱是否存在污泥、裂缝、变形、异味、鼓胀。

（3）电池箱的气压平衡阀或防爆阀有无损坏。

（4）电池箱、高压盒与电池托架连接有无松动。

（5）电池托架、控制柜与船体连接是否牢固可靠。

（6）报警灯、急停按钮、工控机等设备是否可正常使用。

#### 5.应急蓄电池的维护保养

1）蓄电池的状态判断

（1）用万用表测量单个蓄电池的电压

将万用表打到直流 0~10 V 挡，检查确认单个电池的正负极，然后将红表笔接正极、黑表笔接负极，逐个测量单个电池的电压，观察电压的变化。

（2）用比重计测量电解液的比重

先对蓄电池表面清洁，然后打开单个电池旋塞，将比重计插入电解液中，吸出电解液，观察浮子的液面位置，逐个测出比重值。

（3）通过测得的蓄电池的电压及电解液的比重来判别蓄电池的状态

蓄电池充满电的判断标准：

①电解液的比重上升为 1.275~1.310。

②单个电池的电压变化：

a.刚充电时电压即上升至 2.1 V。

b.随着充电时间的增加，电压缓缓增至 2.3 V。

c.再充电几个小时后，电压升至 2.6 V 左右且基本维持不变，说明此时电池已充满电。

蓄电池放完电的判断标准：

①电解液的比重下降至 1.13~1.18。

②单个电池的电压变化：

a.刚放电时电压即下降至 2.00~1.95 V。

b.随着放电时间的增加，电压缓缓降至 1.9 V。

c.再放电时电压很快降至 1.8~1.7 V，说明此时电池已放完电。

（4）采用分段恒流法对蓄电池进行经常性充电和过充电

①第一阶段充电电流调整在 1/10 额定容量值上进行充电，充电 10 h 左右，单个电池的电压上升至 2.4 V 左右时（蓄电池可能会发出气泡），应转入第二阶段充电。

②第二阶段充电电流应调整在 1/20 额定容量值上进行充电，充电 3～5 h，调整电解液比重，使其达到 1.285 左右。

③再按第二阶段充电电流充电 1 h，至此即完成了整个充电过程。

④对需要过充电的蓄电池，过充电的方法是：

在正常充电之后，停止 1 h，再以 10 h 放电率电流的 1/2 或 3/4 进行充电，至冒气泡后停止，1 h 后再充，如此反复进行，直到充电装置刚一合闸，蓄电池就发出强烈气泡为止。

2）应急蓄电池的维护保养

（1）每十天左右检查一次电压、电解液高度及比重，并做好记录。如低于规定值，应及时补充蒸馏水并进行充电，然后清洁表面。

（2）对不经常使用的蓄电池，每月至少检查一次，并进行补充充电。

（3）对蓄电池表面，每三个月进行一次彻底清洁。清洁时先用温水擦除接头处的氧化物，然后再涂上牛油或凡士林以防止氧化。决不允许在蓄电池上面放置金属工具、物品，以防短路损坏蓄电池。

（4）保持极柱、夹头和铁质提手等处的清洁，如出现电腐蚀或氧化物等，应及时擦拭干净，以保证导电的可靠性。

（5）平时注意盖好注液孔的上盖，以防船舶航行时电解液溢出，或海水进入蓄电池。通气孔必须保持畅通。

（6）蓄电池放电终了，应及时按要求进行充电。

3）免维护蓄电池

免维护蓄电池因其在正常充电电压下，电解液仅产生少量的气体，极板有很强的抗过充电能力，而且具有内阻小、低温启动性能好、比常规蓄电池使用寿命长等特点，故在整个使用期间无须添加蒸馏水，在充电正常情况下无须进行补充充电。但在保养时应对其电解液的比重进行检查。由于免维护蓄电池与普通铅酸蓄电池相比具有突出的优点，因此在船舶上应用越来越广泛。

大多数免维护蓄电池在盖上都设有一个孔形液体（温度补偿型）比重计，可以根据电解液比重的变化而改变颜色，能够指示蓄电池的充放电状态和电解液液位的高度。当比重计的指示眼呈绿色时，表明充电已足，蓄电池正常；当指示眼绿点很少或为黑色时，表明蓄电池需要充电；当指示眼呈淡黄色时，表明蓄电池内部有故障，需要修理或进行更换。

免维护蓄电池也可以进行补充充电，充电方式与普通蓄电池的充电方式基本一样。充电时每单格电压应限制在 2.3～2.4 V。应注意，使用常规充电方式充电会消耗较多的水，充电时充电电流应稍小些（5 A 以下）。切忌进行快速充电，否则蓄电池可能会发生爆炸，导致伤人。当免维护蓄电池的比重计呈淡黄色或红色时，说明该蓄电池已接近报废，即使再充电，使用寿命也不长。

## 四、电池动力船舶典型事故案例分析

随着电池动力船舶的普及和发展，其在运行过程中出现了一些典型的事故案例。下面将对其中一些典型案例进行深入分析,探讨事故原因,并针对电池动力船舶的安全使用提出相关建议。

我们选择迄今为止世界上两个较为典型的电池动力船舶事故案例进行深入分析,这两个案例都发生在电动船舶的先驱国家——挪威,具有较高的代表性和参考价值。

首先,我们将详细阐述这两个事故案例的具体情况,包括事故船舶的基本信息、电池系统的配置、事故发生时的环境条件、事故原因以及最终的损失情况。通过对这些信息的深入了解,我们可以更好地掌握电池动力船舶的特点和可能面临的风险。

其次,我们将对这些事故案例进行深入分析,探讨电池系统可能存在的问题和不足,以及如何采取有效的措施来预防和避免类似的事故再次发生。我们还将从技术和管理层面提出一些具有针对性的建议,以确保电池动力船舶的安全和可靠性。

最后,我们将对这两个事故案例进行全面的反思和总结,提炼出在电池动力船舶领域中需要重点关注和改进的关键环节。通过深入剖析这些问题,我们旨在帮助行业相关人士更加清晰地认识电池动力船舶的发展现状及未来趋势,为推动行业的健康、可持续发展提供有益的参考和借鉴。

2019年10月10日,挪威渡船公司Norled旗下的"MF Ytteroyningen"号客船在奥斯陆峡湾(Oslofjord)发生一起小型火灾事故。该船在船舱内的蓄电池室起火,导致船上的乘客和船员紧急撤离。幸运的是,火势在得到有效控制后很快被扑灭,没有造成人员伤亡。

事后调查发现,火灾的起因可能与蓄电池的故障有关。具体来说,可能是由于电池内部存在的缺陷或者电池管理系统的问题,导致电池过热并引发火灾。此外,调查还发现该船的电池管理系统可能存在数据不准确或故障的情况,这也是导致火灾的原因之一。

2021年3月11日,一艘全电动双体船"MS Brim"号在挪威发生一起火灾事故。该船在停靠于挪威腓特烈斯塔附近的奥斯陆峡湾时,船上的蓄电池突然起火。幸运的是,船上的4名船员被迅速疏散,没有造成人员伤亡。

事后调查发现,火灾的起因可能与蓄电池过载有关。具体来说,可能是因为船上的用电设备过多,导致电池过载并引发火灾。此外,调查还发现该船的电池管理系统可能存在故障,无法有效监控电池的状态和电流情况,这也是导致火灾的原因之一。

针对以上两个典型案例,我们得出需加强电池质量管理的结论:电池制造商应加强对电池在生产过程中的质量控制,确保电池产品的安全性和可靠性;同时,船员应定期对电池进行维护和检查,确保其处于良好的工作状态。此外,还可采取以下措施:

(1)完善电池管理系统。电池管理系统是确保电池安全运行的重要手段之一。制造商应优化和完善电池管理系统的功能和性能,提高其准确性和稳定性。同时,船员管理公司也应定期对电池管理系统进行检查和维护,确保其正常运转。

(2)加强安全培训和教育。船员管理公司应加强对船员的安全培训和教育,提高他们对电池动力船舶的安全意识和操作技能。同时,还应教授他们如何正确使用和维护电池及电池管理系统,以避免因操作不当而引发事故。

(3)建立应急预案。船员管理公司应制定针对电池动力船舶的应急预案,明确在火灾等紧急情况下的应对措施和流程。同时,还应定期进行演练和培训,提高船员在紧急情况下的应对能力。

(4)加强监管和执法力度。政府应加强对电池动力船舶的监管和执法力度,确保其符合相关法规和标准的要求。同时,还应加强对电池生产、销售和使用环节的监管和管理,防止存在安全隐患的产品流入市场。

（5）加强国际合作与交流。各国政府和相关组织应加强国际合作与交流，共同研究和解决电池动力船舶在安全方面的问题和挑战，通过分享经验、技术和最佳实践，促进电池动力船舶行业的健康发展并降低事故发生的风险。

除了以上提到的加强电池质量管理、完善电池管理系统、加强安全培训和教育、建立应急预案、加强监管和执法力度等措施外，针对电池动力船舶的安全使用，还可以采取以下建议：

（1）定期检查和维护。电池动力船舶的电池和电力系统需要定期进行检查和维护，以确保其处于良好的工作状态。检查和维护的频率应该根据具体情况而定，但至少应该每年进行一次全面的检查和维护。

（2）避免过度使用。电池动力船舶的电池和电力系统应该避免过度使用，尤其在充电和放电时应该避免超过其承受能力。过度使用可能会导致电池和电力系统故障，从而引发事故。

（3）保持通风和冷却。电池动力船舶的电池和电力系统应该保持通风和冷却，以避免过热和火灾等事故的发生。通风和冷却的设备应该定期进行检查和维护，以确保其正常运转。

（4）安装安全设备。电池动力船舶应该安装必要的安全设备，如灭火器、烟雾探测器等，以在紧急情况下及时采取措施。这些设备应该定期进行检查和维护，以确保其正常运转。

（5）加强人员培训。电池动力船舶的工作人员应该接受相关的培训，以了解如何正确使用和维护电池和电力系统，以及在紧急情况下如何采取措施。这些人员应该具备必要的技能和知识，并能够熟练操作相关设备。

（6）建立信息共享机制。电池动力船舶的制造商、运营商和管理部门应该建立信息共享机制，以便及时了解电池和电力系统的状态和故障情况，并采取相应的措施。这些信息可以包括电池和电力系统的运行数据、故障报告和维护记录等。

（7）考虑采用更先进的技术。随着电池技术的不断发展和进步，可以考虑采用更先进的电池和电力系统，如高能量密度电池、固态电池、智能充电系统等，以提高电池动力船舶的安全性和可靠性。

综上所述，为了确保电池动力船舶的安全使用，需要采取一系列的措施，包括加强电池质量管理、完善电池管理系统、加强安全培训和教育、建立应急预案、加强监管和执法力度、加强国际合作与交流等。同时，还需要注意定期检查和维护、避免过度使用、保持通风和冷却、安装安全设备、加强人员培训、建立信息共享机制以及考虑采用更先进的技术等措施。

# 参考文献

[1] 中国船级社.船舶应用电池动力规范 2024 修改通报[S],2024.

[2] 中华人民共和国海事局.纯电池动力船舶技术法规实施指南[S],2023.

[3] 林叶春,吴志良,丁龙祥,等.船舶电气[M].大连:大连海事大学出版社,2020.

[4] 邱赤东,高兴斌,安亮,等.船舶机舱自动化[M].大连:大连海事大学出版社,2020.

[5] 牛小兵,李福海,朱永祥.船舶管理(电子电气员)[M].大连:大连海事大学出版社,2021.

[6] 齐文瑾.储能电站电池系统火灾特点及消防系统设计[J].科技创新与应用,2023,13(36):124-127.

[7] 占雷,曾万鹏,叶城,等.内河纯电动船舶建造检验[J].珠江水运,2023,18:107-109.

[8] 黄东篱,冯富萍.新能源内河船舶动力蓄电池发展探析[J].中国设备工程,2023,09:11-13.

[9] 刘畅.锂电池与超级电容混合储能系统的优化配置与能量管理[D].中国科学技术大学,2020.